Maëlle

Les femmes et la politique

Du droit de vote à la parité

Les femmes et la politique

Du droit de vote à la parité

Librio

Texte intégral

Cet ouvrage est un recueil d'articles du journal *Le Monde*, sélectionnés et présentés par Clarisse Fabre, journaliste politique.

Ces textes sont de Jean-Louis Andreani, Michèle Aulagnon, Philippe Boggio, Éric le Boucher, Thierry Brehier, Cécile Chambraud, Anna Chausselbourg, Ariane Chemin, Christiane Chombrau, Annick Cojean, Clarisse Fabre, Christine Fauvet-Mycia, Bruno Frappat, Pierre Georges, Colette Godard, Patrick Jarreau, Pascale Kremer, Agathe Logeart, Michel Noblecourt, André Passeron, Anita Rind, Pascale Robert Diard, Jean-Louis Saux, Marcel Scotto, Martine Valo, Marion Van Renterghem, Laurent Zecchini.

Les dessins de Catherine Beaunez sont extraits de l'ouvrage *On les aura !* publié aux éditions Au diable vauvert en 2001.

Introduction

Si l'on pouvait comparer deux photographies de l'Hémicycle de l'Assemblée nationale, l'une prise en octobre 1945, l'autre au milieu des années 1990, on serait surpris : en cinquante ans, le nombre de femmes élues députées n'a guère évolué. Elles étaient trente-deux à la naissance de la IVe République, et trente-cinq dans l'assemblée élue en mars 1993 ! Quatre ans plus tard, en juin 1997, elles seront soixante-trois. Que s'est-il passé ? Ce bond doit surtout à la décision des socialistes de réserver 30 % des circonscriptions aux femmes. Il a donc fallu ce geste autoritaire, réclamé de longue date par les femmes du PS, pour que les choses avancent... disons d'un pas de fourmi. Car, malgré ses 10,9 % de députées[1] depuis juin 1997 – et ses 5,9 % de sénatrices –, la France se situe à l'avant-dernier rang des quinze pays de l'Union européenne, loin derrière le « champion » suédois (42,7 % de femmes élues au Parlement).

Pourquoi un tel retard ? Commençons par balayer une explication souvent avancée selon laquelle, en France, pays latin, les femmes auraient du mal à se faire une place en politique. Ce serait donc culturel, il y aurait presque une fatalité ! L'argument tombe aussitôt que l'on se penche sur les statistiques des autres pays dits latins : il y a 28 % de femmes élues au parlement en Espagne, et 17 % au Portugal. Il n'y a guère que les scores de l'Italie (11,3 %) et de la Grèce (10,3 %) qui soient comparables à celui de l'Hexagone.

Les raisons vont donc au-delà de la misogynie des partis politiques, comme le montre Mariette Sineau, directrice de recherche au Centre d'étude de la vie politique en France (Cevipof), auteur de l'ouvrage *Profession : femme politique* (Presses des

1. En 2001, le taux de femmes députées est repassé sous la barre des 10 %. Elles étaient 63 en juin 1997, elles ne sont plus que 55 en mars 2001, sur un total de 577 élus. Certaines ont été nommées ministres et la personne qui les remplace – le suppléant – est souvent un homme. C'est le cas de Nicole Péry, nommée secrétaire d'État aux Droits de la femme et à la formation professionnelle et remplacée par Jean Espilondo (PS). D'autres ont démissionné pour laisser la place à d'anciens ministres qui voulaient retrouver leur siège, comme Gilberte Marin-Moskowitz (PS), suppléante de Jean-Pierre Chevènement, après la démission du ministre de l'Intérieur.

Sciences politiques, 2001). Dans un récent article [1], la chercheuse analyse la « *traversée du désert* » des femmes depuis l'avènement de la Vᵉ République (1958) jusqu'à la fin du règne de Georges Pompidou (1974). Si le général de Gaulle a accordé le droit de vote aux Françaises par ordonnance du 21 avril 1944, la réforme, en 1958, du mode de scrutin des députés – passage de la proportionnelle au scrutin uninominal majoritaire à deux tours – « *va précipiter la disparition des femmes de la scène parlementaire* », écrit Mme Sineau.

La chute du nombre de députées, en 1958, a lieu dans l'indifférence générale. Il est vrai qu'à l'époque, les femmes ne font pas la une des journaux... « *Ce mode de scrutin qu'Édouard Herriot disait fait pour les combats de gladiateurs,* explique Mme Sineau, *personnalise au plus haut point l'élection. Peu entraînées, manquant d'expérience électorale, les femmes sont vite apparues aux yeux des partis comme moins compétitives que les hommes. Deuxième effet : parce qu'il se déroule dans des circonscriptions étroites, le système favorise l'établissement d'un lien direct entre l'élu et l'électeur et, par conséquent, la notabilisation.* » Celle-ci incite nombre d'élus à cumuler les mandats et à se constituer des « *fiefs électoraux* » fermés aux nouveaux, femmes ou jeunes. La chercheuse va plus loin. Pour elle, l'élection du président de la République au suffrage universel (en 1962) confère à la fonction la symbolique de « *l'homme fort* », laquelle s'étend par « *mimétisme institutionnel* » au maire, véritable « *homme-orchestre* ». La boucle est bouclée.

Dans la « *République des mâles* », les femmes accèdent au pouvoir par la volonté du prince. En 1974, c'est Valéry Giscard d'Estaing qui nomme la première femme ministre, Simone Veil. Jusque-là, les femmes n'avaient obtenu que des postes de secrétaires d'État rattachés aux ministres, sans réel pouvoir, comme en atteste la place que leur réserve la presse en général. Quelques brèves et repères la plupart du temps, et des questions qui n'auraient sans doute pas été posées à des hommes... « *Êtes-vous une femme d'intérieur ? Attachez-vous de l'importance à votre propre élégance ?* », demande *L'Aurore* (daté 11-12 mars 1967), dans une courte interview, à Jacqueline Thome-Patenôtre, qui fut vice-présidente de l'Assemblée nationale et maire de Rambouillet.

C'est François Mitterrand qui « promeut » Yvette Roudy et de brillantes énarques comme Martine Aubry, fille de Jacques Delors, Élisabeth Guigou, Ségolène Royal. Toutes font un passage remarqué dans les gouvernements successifs de la mitterrandie. C'est encore Mitterrand qui nomme une fidèle, Édith Cresson, à

1. Revue *Pouvoirs*, numéro 82, 1997.

l'Hôtel Matignon, en 1991. Pour la première fois dans la Ve République, une femme accède au poste de premier ministre. C'est Michel Rocard, tête de liste aux élections européennes en 1994, qui décide d'inscrire 50 % de femmes sur sa liste, en alternant un homme, une femme, comme les Verts l'avaient déjà fait en 1984 et en 1989. La plupart de ces heureuses élues ne sont pas des militantes de base qui ont fait carrière. Très diplômées, souvent issues de l'École nationale d'administration (ENA), ces technocrates ont été repérées dans les cabinets ministériels avant d'être nommées ministres, puis, de se faire élire. Elles sont donc parties du sommet avant d'aller solliciter, à la base, le suffrage universel.

Par contraste, les mairies et les conseils généraux restent des bastions masculins. Les élues sont peu nombreuses dans les assemblées locales, et par ricochet au Parlement – car on devient plus facilement député quand on est déjà conseiller municipal, maire ou conseiller général... Si, dans les hautes sphères, quelques femmes bénéficient du fait du prince, les barons locaux jouent la sécurité et reconduisent les sortants.

Mais que font les féministes ? Les mouvements qui renaissent dans les années 1970 préfèrent se tenir à l'écart des institutions, contrairement à ce qui se passe dans les pays du Nord, où les militantes essaient d'imposer leurs idées dans les partis. En France, la méfiance à l'égard du monde politique l'emporte, comme l'expliquent deux sociologues, Françoise Gaspard, ancienne maire (PS) de Dreux, et Philippe Bataille, auteurs de *Comment les femmes changent la politique* (La Découverte, 1999). « *Les organisations partisanes sont regardées comme la quintessence du patriarcat. Nombre de ces militantes sont d'ailleurs devenues féministes (...) à travers une expérience au sein d'un parti, le plus souvent de gauche et surtout d'extrême gauche, qu'elles ont quitté pour en avoir éprouvé le machisme* », écrivent les deux auteurs, qui rapportent cette anecdote : en 1977, le quotidien *Libération* publie une petite annonce invitant celles qui ont rompu avec les partis à venir parler de leur expérience. Beaucoup répondent présentes et le titre de l'ouvrage qui en résulte est éloquent : *C'est terrible quand on y pense* [1]...

D'autres féministes acceptent d'entrer dans le jeu parlementaire pour y faire du *lobbying*. C'est le cas du mouvement Choisir de Gisèle Halimi, l'avocate qui, au début des années 1970, défendit la cause des femmes inculpées pour s'être fait avorter avant la légalisation de l'interruption volontaire de grossesse (IVG) en 1975. Mme Halimi sera l'une des signataires du manifeste des

1. Marie-Claire Bons et al., *C'est terrible quand on y pense* (Galilée, Paris, 1983).

343 femmes qui reconnaissent « avoir avorté », publié il y a trente ans dans *Le Nouvel Observateur* (daté du 5 avril 1971)[1], avant d'être élue députée lors de la vague rose de 1981.

Les quelques tentatives pour faciliter l'accession des femmes aux mandats locaux se soldent par des échecs. Adopté en1982 au Parlement, le quota de 25 % de femmes sur les listes aux élections municipales est censuré par le Conseil constitutionnel. S'engage alors la croisade en faveur d'une modification de la Constitution pour y inscrire le principe de l'égal accès des hommes et des femmes aux mandats politiques. Le mot « parité » commence à circuler dans les rangs féministes, relayé par divers travaux menés à l'échelle européenne. Au milieu des années 1990, l'idée d'une telle réforme rassemble au-delà des partis. Dans *L'Express* (daté 6-12 juin 1996), dix femmes de droite et de gauche[2] signent un *Manifeste* pour la parité. Alain Juppé (RPR), alors premier ministre, se déclare favorable à l'organisation d'un référendum pour réviser la Constitution.

Trop tard. La dissolution d'avril 1997 ramène la gauche au pouvoir. Devenu premier ministre, Lionel Jospin s'engage à modifier la Constitution lors de sa déclaration de politique générale, le 19 juin 1997, à la tribune de l'Assemblée nationale. Au terme d'un débat qui opposa les universalistes, comme Élisabeth Badinter, et les « paritaires », comme la philosophe Sylviane Agacinski, épouse du premier ministre, la révision de la Constitution fut adoptée par le Parlement réuni à Versailles, en juin 1999. Le nouvel article 3 « favorise » l'égal accès des hommes et des femmes aux mandats politiques et aux fonctions électives et l'article 4 demande aux partis de mettre en œuvre cette égalité. À l'issue d'un compromis avec la droite sénatoriale, le mot « parité » n'apparaît pas dans la Constitution. La suite est connue : un deuxième projet de loi, d'application, impose aux partis politiques d'inscrire autant de femmes que d'hommes, à une unité près, sur les listes aux élections municipales, dans les communes de plus de 3 500 habitants, et prévoit des sanctions financières à l'encontre des partis qui ne présenteront pas autant de candidates que de candidats aux législatives. La loi concerne les autres élections (régionales, sénatoriales, européennes) sauf les cantonales – pour des raisons techniques – alors que les conseils généraux sont les assemblées les plus masculines (6,7 % de femmes élues). À droite comme à gauche, les partis savent qu'ils ne peuvent plus se passer des femmes.

1. Voir l'article commémoratif paru dans *Le Monde* daté 8-9 avril 2001.
2. Il s'agit de Michèle Barzach, Frédérique Bredin, Édith Cresson, Hélène Gisserot, Catherine Lalumière, Véronique Neiertz, Monique Pelletier, Yvette Roudy, Catherine Tasca et Simone Veil.

On a beaucoup parlé de « révolution » à propos des municipales de mars 2001. À l'issue du second tour, au soir du 18 mars, les conseillères municipales représentent 47,5 % des élus dans les communes de plus de 3 500 habitants, contre 22 % jusque-là. Le fauteuil de maire reste plus difficile à conquérir : selon les estimations effectuées par *Le Monde*, quarante-quatre femmes ont été élues maires dans des communes de plus de 15 000 habitants – dont quatre dans des villes de plus de 100 000 habitants – contre une trentaine auparavant. Le contraste est saisissant avec les élections cantonales qui avaient lieu en même temps : le taux de conseillères générales élues frôle les 10 % et seule une femme est présidente d'un conseil général ! À ce rythme, la France des cantons, telle la Belle au bois dormant, devra attendre longtemps avant de se réveiller paritaire...

Clarisse FABRE

TU VOTES. ?
POUR QUI.
Catherine Beaunez -

I – ÉLECTRICES ET ÉLIGIBLES EN 1944

Les Françaises obtiennent le droit de vote par ordonnance du général de Gaulle du 21 avril 1944, longtemps après la Finlande (1906), la Norvège (1913), le Danemark (1915), l'Irlande (1918), les Pays-Bas (1919), l'Allemagne (1919), les États-Unis (1920), le Canada (1920), la Suède (1921), le Royaume-Uni (1928), l'Espagne (1931). Les Italiennes ne l'obtiendront qu'en 1945, les Belges en 1948, les Grecques en 1952, les Suissesses en 1971 et les Portugaises... en 1976.

En France, les femmes se rendent aux urnes pour la première fois le 25 avril 1945, pour les élections municipales, puis en octobre 1945 pour élire les députés. En ce début de IVe République, les communistes font la part belle aux femmes. Le 24 octobre 1945, 32 femmes sont élues députées dont 16 communistes. En novembre 1946, le groupe PCF compte 165 députés dont 31 femmes. Au lendemain de la guerre, certaines sont d'anciennes résistantes.

Les femmes deviennent électrices et éligibles

Le général de Gaulle a promulgué, vendredi 21 avril, à Alger, l'ordonnance portant organisation des pouvoirs publics en France après la Libération, qui, notamment, accorde le droit de vote et l'éligibilité aux femmes. Cette ordonnance, prise par le Comité français de la Libération nationale après avis favorable, le 27 mars, de l'Assemblée consultative, dispose, dans son article premier, que « le peuple français décidera souverainement de ses futures institutions » et qu'« à cet effet une Assemblée constituante sera convoquée dès que les circonstances permettront de procéder à des élections régulières ».

L'article 17 indique : « Les femmes sont électrices et éligibles dans les mêmes conditions que l'homme. » Le suffrage « universel » masculin avait été institué en 1848.

7 mai 1999 édition spéciale « Le siècle 1900-1999 »

Les femmes et les élections municipales du 25 avril 1945

Hésitante au début et tout à coup plus nette, la campagne électorale est vraiment commencée depuis la fin de la semaine dernière. Les formations politiques continuent à dire que les élections à leur avis, interviennent inopportunément, mais loin de les bouder, elles sont très actives et invitent les citoyens à voter.

Cette insistance paraît d'ailleurs superflue, sauf peut-être dans quelques régions où le public a paru craindre que le vote ne fût pas également libre partout et que l'ordre pût être troublé par des incidents. Il a compris que ces élections municipales et cantonales, si elles n'ont pas l'importance d'une élection législative, n'en présentent pas moins un vif intérêt politique, et donneront des indications précieuses pour le regroupement et le rajeunissement des partis, pour un élargissement éventuel de l'Assemblée consultative, peut-être même pour une refonte du gouvernement. Nos alliés eux-mêmes attachent un sens au résultat de cette consultation.

Les femmes, appelées pour la première fois aux urnes, se montrent parfois timides dans les campagnes ; elles se sont fait inscrire, mais n'interviennent pas dans la lutte active, soit que les hommes les invitent à demeurer à l'écart, soit qu'elles soient retenues par une fausse honte, la crainte de se tromper ou celle d'attirer des périls sur leur foyer. Elles ajoutent une inconnue au mystère qui entoure encore les décisions que prendra le monde paysan résolu du moins à manifester sa méfiance à l'égard de tout excès.

Dans les villes, particulièrement à Paris, les femmes donnent l'exemple du sérieux, s'arrêtent chaque jour devant les panneaux pour consulter les affiches réduites au minimum en raison de la crise du papier, suivent les réunions du soir dans les préaux des écoles, s'informent sur le passé, les opinions, les attaches des candidats, et savent exactement quelle France elles veulent contribuer à faire.

C'est aussi dans les villes et non dans les campagnes que des femmes font acte de candidature ; institutrices ou agrégées de l'Université, avocates, médecins ou employées, elles invoquent leur expérience des œuvres sociales ; elles entendent, si elles sont élues, se consacrer surtout comme les déléguées à l'Assemblée nationale, à servir l'enfance, les déshérités, l'avenir de la race. Elles aussi, à l'exemple de leurs concurrents ou de leurs colistiers masculins, invoquent leurs titres de « Résistance ».

À ce propos une sorte de compétition semble ouverte, dans le camp des hommes, entre les candidats « résistants » qui, même s'ils appartenaient au monde politique d'avant guerre, se présentent comme des hommes nouveaux, et les « anciens » qui, après avoir eux aussi lutté contre l'oppresseur allemand ou le gouvernement de Vichy, déclarent qu'il faut renouer avec le passé républicain, tout en rénovant, bien entendu, le vieil édifice. À la faveur de cette querelle entre nouveaux et anciens, quelques hommes accusés de tiédeur à l'égard de la Résistance essaient de remonter en selle pour prendre part à la course.

25 avril 1945

À Paris et en banlieue

L'affluence, dans les bureaux de vote de Paris et de la région parisienne, a été telle que la préfecture de la Seine a dû décider de prolonger le scrutin jusqu'à 19 h 30. Partout, les électeurs s'étaient montrés matinaux et, durant toute la journée, même à l'heure du déjeuner, les files d'attente étaient demeurées denses devant les isoloirs.

Les femmes y tenaient une place importante et les religieuses ne furent pas les moins empressées à remplir leur devoir électoral. Mme Charles de Gaulle, à la mairie du 16e arrondissement, a donné l'exemple aux électrices.

Malgré quelques discussions entre électeurs, d'ailleurs dénuées de passion, le calme n'a été troublé nulle part. C'est avec sérieux, avec dignité, avec plaisir aussi que les citoyens ont déposé leur bulletin dans l'urne, en « panachant » beaucoup moins qu'on ne l'avait pensé.

1er-2 mai 1945

Élections confuses mais utiles

C'est avec une profonde satisfaction que les Français ont retrouvé hier, le chemin des urnes. Les hommes en étaient écartés depuis neuf ans et avaient pu craindre, aux plus sombres jours de cette guerre, de ne pas récupérer avant longtemps leur droit de vote. Quant aux femmes, promues enfin au même rang que les citoyens, elles n'ont été que pour peu de chose dans l'« abstentionnisme », qui, d'ailleurs, n'a affecté que quelques villes ; la plupart ont montré que l'exercice de leur nouveau droit leur apparaissait comme un devoir.

Il est donc clair que toute la France, au moment où les dictatures s'effondrent, a pleinement approuvé ce pas décisif du gouvernement vers le retour à la légalité et aux libertés républicaines. Il est bon que cette mesure ait porté d'abord sur une consultation importante certes, mais moins capitale que ne le seront les élections générales : l'expérience d'hier, que complétera, en province, le scrutin de ballottage, démontre que les observateurs politiques étaient fondés à prédire une certaine confusion.

L'absence de trois millions de Français encore retenus en Allemagne, les préoccupations des esprits absorbés par les événements militaires et diplomatiques sont loin de constituer les principales causes des hésitations que les électeurs ont avouées. La multiplicité des listes qui s'affrontaient, la nouveauté des étiquettes, le caractère un peu artificiel de certaines alliances entre tendances divergentes, ou au contraire de certains divorces entre groupements voisins, tout cela a dérouté le public. Fait vraiment inconnu dans les annales de la IIIe République, les journaux ont reçu de leurs lecteurs des lettres leur demandant « pour quels noms » il fallait voter afin de voter bien !

1er mai 1945

Les « constituantes »

Trente-deux femmes ont été élues au scrutin de dimanche dernier. Ce sont :

16 communistes : Mmes Hélène Solomon-Langevin (Seine – 1er) ; Julie Vermeersch (Seine – 2e) ; Denise Roydet (Seine – 3e) ; Marie-Claude Vaillant-Couturier, membre de l'Assemblée consultative (Seine – 4e) ; Rose Guérin (Seine – 5e) ; Mathilde Péri, membre de l'Assemblée consultative (Seine-et-Oise) ; Raymonde Nédélec (Bouches-du-Rhône) ; Gilberte Rocca (Gard) ; Marcelle Rumeau (Haute-Garonne) ; Denise Bastide (Loire) ; Germaine Lemud (Nièvre) ; Galicier (Nord) ; Mlle Jeanne Léveillé (Oise) ;

Mme Méty (Rhône) ; Mlle Lucie Guérin (Seine-Inférieure) ; Mme Alice Sportisse (Oran).

1 Union républicaine et résistante : Mme Madeleine Braun, membre de l'Assemblée consultative (Seine – 6e).

5 SFIO : Mmes Céline, dite Germaine Degrond (Seine-et-Oise) ; Irène Laure (Bouches-du-Rhône) ; Rachel Lempereur et Madeleine Léo-Lagrange (Nord) ; Marie Cyon (Sarthe).

8 MRP : Mlle Solange Lamblin (Seine – 1er) ; Mmes Francine Lefebvre (Seine – 3e) ; Simone Rollin (Seine – 4e) ; Germaine Peyrolles (Seine-et-Oise) ; Hélène Lefaucheux, vice-présidente du Conseil municipal de Paris, membre de l'Assemblée consultative (Aisne) ; Germaine Poinso-Chapuis (Bouches-du-Rhône) ; Mlles Marie Dienesch (Côtes-du-Nord) ; Renée Prévert (Ille-et-Vilaine).

1 Rébublique pop. et pays. : Mme Marie Texier-La Houlle (Morbihan).

1 Union républicaine : Mme Hélène de Suzannet (Vendée).

24 octobre 1945

PORTRAIT

Marie-Claude Vaillant-Couturier : une résistante de la première heure

Ancien député communiste, résistante de la première heure avant d'être déportée à Auschwitz puis à Ravensbrück, Marie-Claude Vaillant- Couturier est décédée, mercredi 11 décembre, à Paris, à l'âge de quatre-vingt-quatre ans.

Née le 3 novembre 1912 à Paris, fille de l'éditeur Lucien Vogel, Marie-Claude Vaillant-Couturier adhéra à la Jeunesse communiste en 1934 avant de fonder, en 1936, en compagnie de Danielle Casanova, Jeannette Vermeersch et Claudine Chomat, l'Union des jeunes filles de France, organisation proche du Parti communiste français. Photographe de presse, elle travaille pour *L'Humanité,* dont elle dirigera le service photo, et où elle fait notamment des reportages sur les Brigades internationales lors de la guerre civile espagnole et sur les congés payés lors du Front populaire. En 1937, elle épouse en premières noces Paul Vaillant-Couturier, député communiste et ancien rédacteur en chef de *L'Humanité,* qui décède peu de temps après.

Entrée dans la clandestinité en avril 1940, elle travaille aux éditions clandestines du Parti. Ses activités de résistante lui valent d'être arrêtée le 9 février 1942 par la police française et d'être incarcérée au fort de Romainville. C'est de là que, le 23 janvier 1943, avec 230 autres femmes, dont Danielle Casanova, elle est déportée au camp d'Auschwitz. En août 1944, elle est transférée au camp de Ravensbrück, qui sera libéré par l'armée soviétique. Le 28 janvier 1946, elle témoigne au procès de Nuremberg. Quarante-cinq ans plus tard, elle apportera également son témoignage lors du procès de Klaus Barbie, à Lyon. Par la suite, elle fut également présidente de la Fédération pour la mémoire de la déportation et vice-présidente d'honneur de la Fondation de la Résistance.

Revenue en France, elle entre comme suppléante au comité central du PCF en 1945 (elle deviendra titulaire en 1947), et est élue, en 1945 et 1946, aux deux Assemblées constituantes. Elle sera député de la Seine de 1946 à 1958, puis de 1962 à 1967. Député du Val-de-Marne de 1967 à 1973, elle cède alors son siège à Georges Marchais, qui vient de devenir Secrétaire général du parti.

Au lendemain de la guerre, Marie-Claude Vaillant-Couturier est devenue l'épouse de Pierre Villon, qui avait été durant l'Occupation le chef du Front national, organisation contrôlée par le PCF. De son vrai nom Ginsburger, ce militant né à Strasbourg est l'une des figures les plus mystérieuses du monde communiste français. Agent du Komintern (l'Internationale communiste) avant la guerre, il a joué un rôle décisif dans l'organisation de la résistance communiste. Député de l'Allier dans les années 1960, il avait cédé sa circonscription à André Lajoinie. Marie-Claude Vaillant-Couturier et Pierre Villon, tous deux proches de Jacques Duclos, le chef du PCF dans la clandestinité, mais aussi de Maurice Thorez, exilé à Moscou pendant la guerre, avaient contribué à la promotion de Georges Marchais au sein de l'appareil communiste, puis à sa tête en 1970.

Lorsqu'il avait annoncé, fin novembre, sa décision de ne plus être candidat aux élections législatives, Georges Marchais n'avait pas manqué de rappeler que la circonscription qu'il représentait avait été celle de Marie-Claude Vaillant-Couturier, et il avait rendu hommage à cette dernière.

13 décembre 1996, Cécile CHAMBRAUD et Patrick JARREAU

Ce que femme vote...
par Janine Mossuz-Lavau, maître de recherche au CNRS, membre de la Fondation nationale des sciences politiques

Depuis qu'elles ont, en 1944, obtenu le droit de vote, les Françaises se sont mises, peu à peu, de scrutin en scrutin, à observer des conduites assez proches de celles des Français. Jusqu'en 1981, tout au moins, car, dans l'avenir, les hommes et les femmes pourraient bien exercer différemment leur droit de faire ou défaire une majorité.

Les débuts ont été fort longs : pendant près de trente ans (approximativement jusqu'en 1973), les femmes sont apparues moins enclines que les hommes à se rendre aux urnes et moins pressées de soutenir les partis de gauche. Ainsi, en 1951, quand 17 % des hommes déclarent s'être abstenus lors des élections législatives, 24 % des femmes reconnaissent n'avoir pas pris part au vote. Au cours de cette période, l'écart oscille souvent entre 7 et 10 points. Électeurs et électrices s'éloignent un peu plus dans les choix qu'ils arrêtent : entre 1946 et 1969, le déficit des suffrages de gauche demeure à peu près égal à 12 points chez les nouvelles venues à l'isoloir. Par exemple, en 1965, lors du second tour de l'élection présidentielle, 37 % des voix féminines se sont portées sur François Mitterrand contre 51 % des voix masculines (sondage SOFRES).

Les raisons de ce décalage sont à la fois sociologiques, psychologiques et politiques. Dans les années 1950, les Françaises cumulent de nombreuses caractéristiques susceptibles d'entraîner méfiance ou indifférence à l'égard de la politique, réticence ou crainte à l'encontre des forces de gauche, les Français réunissant, au contraire, des atouts qui favorisent l'intérêt pour les affaires publiques et l'enrôlement sous les étendards roses ou rouges. Cette distorsion est particulièrement accusée pour ce qui est de l'activité professionnelle (en 1954, les femmes ne forment que 34,8 % des actifs), le capital scolaire (même parmi les moins de trente ans, elles ont deux fois moins souvent que les hommes fréquenté les établissements du secondaire), l'âge (en 1954, 3 023 000 d'entre elles ont plus de soixante-cinq ans, 1 906 000 hommes seulement ayant dépassé ce cap), la situation de famille (on rencontre près de 3 millions de veuves, à peine 800 000 veufs), la pratique religieuse (en 1952, 52 % des femmes contre 29 % des hommes vont en principe à la messe tous les dimanches)[1].

Pourtant, ces traits n'expliquent pas à eux seuls l'écart électoral séparant l'un et l'autre sexe. Car même au sein de la population active, parmi les jeunes, les personnes mariées et les catholiques non pratiquants, les femmes restent moins soucieuses que les hommes d'aller au bureau de vote, moins attirées aussi par la gauche. C'est qu'un obstacle de taille est à l'époque encore posé sur le chemin qui pourrait les conduire à l'activité politique : l'état des mentalités. La femme est d'abord vue comme une mère et une épouse qui règne sur l'ordre privé et laisse la sphère publique à l'homme.

1. Cf. sur ces points Dogan (Mattei), Narbonne (Jacques), *les Françaises face à la politique*, A. Colin, 1955.

Les années de décollage

Aussi plus d'une électrice potentielle a-t-elle pu penser que les droits nouveaux qu'on lui octroyait ne seyaient pas à l'image qu'elle avait (ou que les autres pouvaient avoir) d'elle-même et, en conséquence, ou bien ne s'en est pas servie, ou bien les a utilisés au profit des partis érigeant en modèle ce portrait traditionnel : en clair, des candidats conservateurs et chrétiens. Enfin, à partir de 1958, le gaullisme allait offrir aux femmes un territoire où entendre à l'envi un discours correspondant à des impressions encore vives aujourd'hui chez certaines : la mise en cause de la politique dite « politicienne », l'opprobre jeté sur les partis, fauteurs de ce conflit qui leur fait toujours peur.

Au début des années 1970, cependant, la situation bascule.

Il faut attendre 1974 pour noter des changements et voir les deux partenaires épouser des comportements plus voisins. Dès 1977, et sans désemparer jusqu'en 1981, les femmes participent aux scrutins autant que les hommes, et, de plus, un rapprochement se dessine dans le contenu même des choix opérés, l'écart sur le vote de gauche se réduisant à diverses reprises (1976, 1977, 1979, 1981) à 4 ou 5 points. Ainsi, lors des élections législatives de 1981, 54 % des femmes comme 58 % des hommes donnent leur appui à ceux qui vont composer l'actuelle majorité.

L'évolution est de taille et doit être rapportée d'abord aux bouleversements socioéconomiques et culturels survenus dans la population féminine dans la période récente, bouleversements autrement plus amples que ceux qui ont affecté le groupe masculin. Le plus important à cet égard réside sans doute dans la scolarisation massive des femmes, qui s'est accompagnée d'une entrée en force de celles-ci sur le marché du travail (elles constituent, en 1982, 41 % des actifs) et d'une percée dans les couches socioprofessionnelles « favorisées ». Bien qu'elles soient souvent enseignantes lorsque leurs compagnons sont ingénieurs ou cadres administratifs, elles n'en ont pas moins progressé, entre 1954 et 1980, de 13,8 % à 25 % parmi les cadres supérieurs-professions libérales, de 36,7 % à 50 % chez les cadres moyens.

Une recherche effectuée à la Fondation nationale des sciences politiques, à partir d'une grande enquête réalisée par la SOFRES en 1978, témoigne du rôle primordial joué par le travail pour politiser et radicaliser les attitudes féminines [1]. Les femmes actives sont plus en prise sur les questions intéressant la collectivité nationale et plus engagées à gauche que celles qui n'ont jamais exercé d'activité professionnelle. Elles se montrent également

---

1. Mossuz-Lavau (Janine), Sineau (Mariette), *Enquête sur les femmes et la politique en France*, PUF, 1983 (collection « Recherches politiques »).

plus distantes à l'égard de la religion, plus libérales au plan des mœurs. Et, lorsqu'elles occupent un poste très qualifié, elles ne sont pas en reste sur les hommes appartenant aux mêmes milieux qu'elles pour se préoccuper de politique et afficher leurs préférences pour la gauche. Le travail salarié exerce de surcroît des effets durables puisque les femmes rentrées « à la maison » après avoir, pendant un temps, gagné leur vie à l'extérieur (les ex-actives) conservent des comportements plus proches de ceux des actives que des femmes depuis toujours au foyer.

Le temps de l'incertitude ?

Néanmoins, si les transformations économiques et sociales ont fait leur œuvre, elles ne peuvent effacer les marques du passé. Les femmes âgées restent à l'écart de ce processus et se révèlent bien plus éloignées des problèmes politiques et bien plus conservatrices que les hommes entrés comme elles dans l'hiver de la vie. Ce qui souligne les limites d'une explication par les seuls méfaits du vieillissement. L'âge, pour une femme, selon qu'elle a trente ou soixante-dix ans, c'est aussi soit la chance d'être née à une époque où l'égalité de traitement avec les hommes commençait à poindre, soit la malchance d'avoir grandi et passé une partie de son existence en subissant une condition qui lui freinait l'accès à l'éducation et au salariat qualifié, et qui la maintenait hors de l'arène politique. Les plus jeunes ont franchi le pas, poussées en cela par la réorganisation des partis entamée dans les années 1972-1974. Après la disparition du gaullisme, il devenait difficile, lorsqu'on ne votait pas pour la gauche, de garder l'illusion de ne pas non plus voter pour la droite.

Mais s'achemine-t-on pour autant vers une identité parfaite des gestes de l'électrice et de l'électeur ?

Depuis 1983, on note comme une pause dans ce mouvement qui tendait à « asexuer » le comportement électoral. À l'occasion des élections municipales, les femmes se sont, dans les villes de plus de trente mille habitants, plus fréquemment abstenues que les hommes et si, dans ces mêmes agglomérations, elles ont à peine moins soutenu les listes de gauche (43 % contre 46 %), il n'en va pas tout à fait ainsi lorsqu'on pénètre plus avant dans la France profonde. Le sondage IFOP-RTL, réalisé sur l'ensemble des villes de plus de neuf mille habitants, montre que 42 % de leurs suffrages sont allés à la gauche contre 49 % des suffrages masculins [1]. Les informations les plus récentes semblent accuser le trait. Alors qu'en janvier 1983, sur tout le territoire cette fois, 41 % des hommes et 37 % des femmes se déclaraient « satisfaits » du pré-

1. Parodi (Jean-Luc), « Les élections municipales de 1983 » *Revue politique et parlementaire*, avril 1983.

sident de la République, ils le sont en décembre à raison respective de 41 % et 33 %[1].

Si les femmes paraissent vaciller quelque peu, alors que les caractéristiques « lourdes » de cette population n'ont guère changé en deux ans, sans doute faut-il rechercher les raisons proprement politiques du reflux qui s'esquisse : les Françaises ne risquent-elles pas, plus encore que les Français, d'émettre un jour un vote-sanction ?

29 février 1984

PORTRAIT

Gilberte Pierre-Brossolette : les souvenirs d'une pionnière en milieu misogyne

Elle n'était guère favorable à la parité, la vieille dame de Recloses, qui, avec son si joli sourire dans un visage très fin, entouré de cheveux neigeux, exprime encore de la passion pour la marche du monde. Elle était même choquée, et le ton de sa voix dit assez combien le sujet l'a touchée, elle qui, élue au Parlement juste après la Libération, fut la première Française à présider les séances du Sénat.

Sa grande maison de pierre est élégante et chaleureuse. Les fenêtres du salon donnent sur la forêt des environs de Fontainebleau, encadrées par des rideaux à fleurs. Un feu est préparé dans la cheminée surmontée de petites sculptures de bronze cambodgiennes. Et le long du mur blanc, une bibliothèque hétéroclite indique que la maîtresse des lieux est liseuse. Ou le fut. Car sa vue s'est récemment très dégradée. Un drame pour celle qui, avant guerre, faisait avec son mari, Pierre Brossolette, des « concours de lecture » et qui, attentive à la littérature et à la politique, dévorait et décortiquait chaque jour la presse. Plus que jamais attentive à la radio et à la télévision, elle se fait cependant lire chaque jour quelques articles, et puis des livres. Récemment, le dernier ouvrage de Valéry Giscard d'Estaing, celui de Claude Allègre, une biographie de Mussolini... Gilberte Pierre-Brossolette, quatre-vingt-quinze ans, garde l'âme curieuse, volontaire et ardente.

« Ce mot de parité... L'idée d'obligation, d'astreinte pour passer en force... Je ne pense pas que la classe politique française se prête de bonne grâce à cet oukaze. Ce n'est ni plaisant sur le papier ni applicable de façon équitable et honnête. Le sexe ne devrait pas être

---

1. Jaffré (Jérôme), « Le retournement de l'opinion » *(Le Monde* daté 1er-2 janvier 1984).

un critère dans la composition d'une liste. Il y a quantité de femmes intelligentes et quantité d'idiotes ! En aucun cas la femme, être humain pensant, ne doit être traitée comme une marchandise. J'aurais préféré qu'on "incite", plutôt qu'on ordonne. Qu'on provoque chez les femmes le "désir" de s'engager, plutôt que des recrutements à la hussarde... Mais quelle bombe, dans ce milieu si misogyne ! Cela promet d'être très, très intéressant. » Car enfin, admet-elle, cette sous-représentation des femmes avait tout de même quelque chose d'affligeant. Et la place de la France, en queue de classement des pays européens, de quoi laisser perplexe. « *Toujours ce complexe de supériorité des hommes ! Et toujours cette férocité à l'égard des femmes qui se remuent, dérangent, et auxquelles ils ne pardonnent rien !* »

Gilberte Pierre-Brossolette a vécu avec intensité l'histoire du XXe siècle : la première guerre dont elle se rappelle les alertes qui faisaient courir sa famille parisienne à la cave ; le Front populaire qu'elle soutenait avec autant de ferveur que son mari, intellectuel et journaliste, militant à la SFIO ; la guerre et la Résistance dans laquelle tous deux s'engagèrent et dont Pierre Brossolette, qui se donna la mort pour échapper aux bourreaux de la Gestapo qui tentaient de lui arracher ses secrets, reste l'un des héros ; la Libération, puis la IVe République en tant que sénatrice, Mai 1968 en tant que journaliste radio, et mai 1981... Elle a vécu aussi, de très près, le vote des femmes et leur irruption sur la scène politique. On partait de si loin...

« *Le débat sur l'attribution du droit de vote aux femmes fut amorcé après la première guerre, après cette hécatombe horrible dans laquelle les femmes durent suppléer les hommes dans les tâches de production et de responsabilité. Les Allemandes et les Britanniques l'ont obtenu immédiatement. En France, ce fut une autre affaire ! Pendant des années le Sénat a fait de l'obstruction. Ah oui, les sénateurs ont été en dessous de tout ! Si vous saviez les arguments ! Les références aux prostituées et aux bordels, les sous-entendus scabreux et désagréables ! Le vote des femmes était dans le programme socialiste mais Léon Blum, archétype de l'honnête homme, n'aurait pas trouvé de majorité sur le sujet. Il a fait ce qu'il a pu, et nommé trois femmes dans son gouvernement. C'était déjà une première !* »

À l'époque, se souvient la dame de Recloses, les femmes, hormis les suffragettes, ne manifestaient guère de passion pour la politique. Elles ne se rendaient que très peu dans les meetings, « *découragées de toute façon par leurs pères, maris, frères ou amants, tous antiféministes* ». Et convaincues que leur pouvoir d'influence, dans l'ombre, n'était pas négligeable. « *Des féministes m'avaient demandé de travailler avec elles, dans les années 1930 et j'avais refusé. Leurs revendications me paraissaient aller de soi, mais sans leur propagande. Mère de famille, je me contentais alors d'aider autant que possible mon mari qui cherchait à être élu dans l'Aube. J'étais son chauffeur, sa secrétaire, son livreur de prospectus et de bulletins.* » Une épouse « *formée* » malgré tout à la politique entre son beau-père, Léon Brossolette, républicain et radical, combattant infatigable de la « laïque », et Pierre qui, collaborant au *Quotidien*, à *Notre Temps*, au *Populaire*, à *Marianne* et à la radio nationale, fréquentait intellectuels et politiques de l'époque.

Il y eut la guerre, le ralliement à la « France libre », le voyage à Londres où Gilberte travailla notamment pour la BBC tandis que son mari, connu sous le nom de « Brumaire », effectua en France des missions dangereuses avant son arrestation et sa mort en mars 1944. « *C'est pendant l'Occupation que les mentalités ont changé, et c'est dans la Résistance que les femmes ont gagné le droit de voter et d'être élues. Elles avaient montré leur courage, pris des risques fous, reçu les clandestins, assuré la transmission des messages. Et pas une n'a parlé sous la torture, alors qu'un ou deux hommes célèbres ont avoué avoir flanché. On les voyait revenir de Ravensbrück, dans un état lamentable, si dignes. Il était impossible de leur dénier encore le droit de vote. Ce n'est pas de Gaulle qui le leur a donné. Ce sont les femmes qui l'ont glorieusement gagné.* »

À la Libération, Gilberte Pierre-Brossolette entreprend des émissions « féminines » à la radio et fait partie de l'Assemblée consultative provisoire. On projette sur elle « *le respect qu'on avait pour Pierre* ». Elle est élue à la deuxième Assemblée constituante. « *Les socialistes m'avaient désignée comme candidate dans l'Aube où mon mari s'était investi avant guerre. Mais sur place, il y a eu des protestations : "Quoi ? Une Parisienne ? Et une femme en plus ?" Remarquez, ils n'avaient pas tort. Comme je ne sais pas distinguer le blé de l'orge ou de l'avoine, je n'aurais pas été à ma place ! Mais devant les réticences des socialistes à accepter des femmes – la veuve de Léo Lagrange avait aussi des problèmes – Léon Blum a écrit un article dans* Le Populaire : "Il y a des femmes d'élite qu'il faut savoir choisir." *Je n'étais pas déchaînée. Le milieu politique n'est pas attrayant quand on le connaît. Mais il me paraissait normal, naturel, légitime, que des femmes s'engagent.* »

L'hiver 1946, Gilberte Pierre-Brossolette fera partie des 21 femmes membres d'un nouveau Sénat comportant 319 élus, et sera « bombardée » vice-présidente. « *J'ai adoré présider les séances. Vous savez que c'est très amusant ! Comme un petit théâtre ! Je disais : "Monsieur le garde des Sceaux vous avez la parole" ; ou bien : "Monsieur le ministre, vous vous trompez complètement." Je me souviens avoir un jour pressé de conclure une communiste qui n'en finissait pas. Elle s'est tournée vers moi, furibonde : "Espèce de pionne, vous allez me laisser continuer ?" J'ai eu un mal fou à ne pas éclater de rire. Le ton habituel était cependant courtois. Je faisais notamment partie de la commission des affaires étrangères et j'avais une certaine autorité. Ma tenue ? Le noir, la plupart du temps.* »

Gilberte Pierre-Brossolette quittera le Sénat et son parti en 1958, après son deuxième mandat, et retournera à la radio jusqu'à Mai 1968. « *Je trouve que les femmes n'ont pas assez profité des pouvoirs dont elles pouvaient se saisir. Elles auraient dû s'introduire plus massivement dans les partis, dans les journaux. Je sais que c'était difficile. La religion, la tradition, les réticences masculines sont des freins permanents. Mais tout de même ! Elles peuvent apporter tellement. Et différemment. C'est par les conseils municipaux qu'il faut commencer. Sans trop d'illusion, mais c'est la première phase. Alors qu'elles y aillent ! Avec de la santé, de la volonté pour résister aux conformismes ; et bien sûr du courage. Mais de ça, les femmes ne manquent pas.* »

9 mars 2001, Annick COJEAN

JE SUIS MINISTRE DES FINANCES ET SECRÉTAIRE D'ÉTAT À LA CONDITION FÉMININE.
Catherine Beaunez.

II – LE « DÉSERT » ENTRE 1958 ET 1974

L'avènement de la Ve République marque la quasi-disparition des femmes de la scène parlementaire : en 1958, le changement de mode de scrutin pour l'élection des députés – la proportionnelle cède la place au scrutin majoritaire uninominal à deux tours – entraîne la chute du nombre de femmes élues à l'Assemblée nationale. Elles ne sont plus que six à siéger dans l'Hémicycle. L'un des effets du scrutin majoritaire est de laminer les minorités : le groupe communiste, qui détenait le plus grand nombre de femmes élues, est particulièrement touché et n'a plus que dix députés en 1958 et zéro femme ! Signe des temps, de 1958 à 1973, le taux de candidates à la députation oscille entre 2,3 % et 3,3 %. Quelques figures ont marqué la période, comme la gaulliste Marie-Madeleine Dienesch, nommée plusieurs fois secrétaire d'État, ou Jacqueline Thome-Patenôtre, députée et maire de Rambouillet. Aucune femme n'accède au poste de ministre.

La chute du nombre de femmes élues

L'âge moyen tombe de cinquante-deux à quarante-neuf ans, mais la représentation féminine est sensiblement réduite

L'âge moyen des nouveaux députés est légèrement inférieur à celui de l'ancienne Assemblée ; il y était de cinquante-deux ans, il sera cette fois de quarante-neuf ans !

Le doyen de l'Assemblée est le chanoine Kir et le plus jeune député, M. Vaschetti, UNR, Seine, qui a vingt-sept ans. La représentation féminine, qui était de dix-neuf, ne sera plus que de six.

2 décembre 1958

Quelques « survivantes »

Les attributions gouvernementales de Mlle Dienesch

Par décret du président de la République paru au *Journal Officiel* du 4 mai 1973, Mlle Marie-Madeleine Dienesch, secrétaire d'État auprès du ministre de la Santé publique et de la Sécurité sociale, a « sous l'autorité du ministre, la responsabilité des questions concernant :

- l'aide et l'action sociale, en faveur de la famille et de l'enfance, des personnes âgées, des handicapés et des inadaptés ;
- les professions paramédicales et sociales ainsi que la profession de sage-femme ;
- la protection maternelle et infantile ;
- l'éducation sanitaire et sociale.
- Elle est également chargée de la définition des normes d'équipement et de fonctionnement des établissements relevant de ses attributions, du contrôle et de la mise en œuvre du Plan dans les domaines de sa compétence.
- Elle connaît, enfin, de tout autres affaires que le ministre de la Santé publique et de la Sécurité sociale lui confie. »

9 mai 1973

PORTRAIT

Marie-Madeleine Dienesch : une tenante du gaullisme social

Marie-Madeleine Dienesch, pionnière de la vie politique féminine française, est morte vendredi 9 janvier à Paris. Elle avait quatre-vingt-trois ans.

Le RPR, parti auprès duquel elle acheva sa carrière politique, « *rend hommage à cette militante exemplaire (...) qui a laissé à ses compagnons le souvenir de son combat inlassable en faveur des droits des femmes* ». Absente de la vie publique, retirée à son domicile parisien depuis 1981, elle s'était progressivement effacée des mémoires dans les Côtes-d'Armor, dont elle fut députée de 1946 jusqu'à l'arrivée de la gauche au pouvoir. Lunettes et cheveux courts, cette ancienne secrétaire d'État y apparaissait comme une femme décidée, voire autoritaire.

Née au Caire le 3 avril 1914 d'un père d'origine flamande, Marie-Madeleine Dienesch, titulaire d'une agrégation de lettres classiques, arrive en Bretagne en 1939. Elle enseigne au lycée de Saint-Brieuc durant la seconde guerre mondiale. En 1944, elle crée le Syndicat général de l'éducation nationale (SGEN) du département encore appelé Côtes-du-Nord. Outre son action associative, la jeune femme s'engage dans la Résistance dans le groupe Libération Nord. Cette expérience la pousse sur la scène politique. Elle siège aux deux Assemblées constituantes en 1945-1946, et milite dans un premier temps au Mouvement républicain populaire (MRP), dont elle sera membre du comité directeur en 1958.

Mandats divers

Proche des gaullistes, l'élue rejoindra l'Union des démocrates pour la République (UDR) en 1968, puis le RPR en 1978. En 1967, elle lance le mouvement Démocrates V^{e}, se réclamant d'un certain « *gaullisme social* », qu'elle va présider près de dix ans. Devant Jacques Chirac, alors premier ministre, elle déclarait à ce titre en 1975 : « *Réformes, révolution par la loi, changements, qu'importent les mots ! L'essentiel, c'est bien de transformer notre société, nos mentalités, nos structures.* » Dans les années 1960, Marie- Madeleine Dienesch a été vice-présidente internationale de l'Union européenne féminine. Ce fut elle la deuxième femme de la Ve République à exercer des responsabilités gouvernementales et la première à devenir vice-présidente de l'Assemblée nationale, le 10 décembre 1958. Elle a aussi goûté à toutes sortes de mandats : conseiller général des Côtes-du-Nord (1976-1982), membre du conseil régional de Bretagne (1978), représentante à l'Assemblée des communautés européennes (1979-1980).

Entre 1968 et 1974, elle exerce successivement les fonctions de secrétaire d'État chargée de l'Éducation nationale, des Affaires sociales et de la Réadaptation, puis de la Santé publique et de la Sécurité sociale. Elle a connu les gouvernements de Georges Pompidou, de Maurice Couve de Murville, de Jacques Chaban-Delmas et de Pierre Messmer. De 1975 à 1978, elle a également été ambassadeur au Luxembourg.

13 janvier 1998, Martine VALO

Mme Pompidou a visité deux hôpitaux parisiens [1]

Mme Georges Pompidou, accompagnée par Mlle Marie-Madeleine Dienesch, secrétaire d'État à la Santé et à la Sécurité sociale, a visité, mercredi après-midi, les services de l'hôpital Saint-Vincent-de-Paul et ceux de la maternité de Port-Royal, dans le 14e arrondissement. À Saint-Vincent-de-Paul, Mme Pompidou s'est vivement intéressée au centre de réanimation des nouveau-nés que dirige le professeur Thieffry. À la maternité de Port-Royal, où elle a été accueillie par le directeur de l'hôpital Cochin, Mme Pompidou a parcouru longuement les services du professeur Varangot, en s'entretenant avec le personnel hospitalier et avec les jeunes mères.

1er août 1969

Mlle Dienesch n'aime pas la « condescendance » de M. Mitterrand

Mlle Marie-Madeleine Dienesch, secrétaire d'État auprès du ministre de la Santé publique et de la Sécurité sociale, n'a pas apprécié les déclarations de M. Mitterrand. En annonçant que plusieurs femmes siégeraient au gouvernement s'il était élu, le candidat commun de la gauche avait estimé, lundi 22 avril, que Mlle Dienesch était « *le prototype de ce qu'il ne faut pas faire : elle est seule, elle est secrétaire d'État, elle est en bas de liste, elle s'occupe des Affaires sociales* ».

Mlle Dienesch se défend d'être une femme « *alibi* » ou une femme « *otage* » et s'étonne du « *petit ton de condescendance* » adopté par M. Mitterrand. Elle considère qu'elle a toujours *été « un être politique à part entière »*. Elle ajoute : « *Je ne vois pas que le parti socialiste ait des leçons à donner à personne en ce qui*

1. Aujourd'hui, *Le Monde* ne désigne plus les épouses d'hommes politiques par le prénom du mari. On n'écrit pas « madame Lionel Jospin » ni « madame Jacques Chirac », mais « Sylviane Jospin » – ou « Sylviane Acaginski » – et « Bernadette Chirac ». (Note de l'éditeur.)

concerne la promotion politique des femmes. (...) Combien y a-t-il de femmes socialistes à l'Assemblée nationale ? Zéro. Et lorsqu'il y a eu, sous la IVe République, un gouvernement de gauche, je ne vois jamais qu'une femme désignée, et encore comme sous-secrétaire d'État. »[1]

Mlle Dienesch s'indigne enfin que l'action sociale passe aux yeux de M. Mitterrand pour « *une sorte de déchéance* ».

9 mai 1974

PORTRAIT

Jacqueline Thome-Patenôtre
L'échec du maire de Rambouillet : tombée de peu, mais de haut

Jacqueline Thome-Patenôtre est « tombée » le 19 mars. Elle est tombée de peu – 300 voix – mais de haut. Chute inattendue d'une dynastie rambolitaine. Son père, André Thome, fut député et son mari, Raymond Patenôtre, ministre de l'Économie sous la IIIe République. Elle, trait d'union entre les noms et les mandats, fut tout, en trente ans et deux républiques : sénateur, secrétaire d'État, député et inamovible maire de Rambouillet. Mme Thome-Patenôtre, la citadelle radicale au temps antique de la IVe et de la grande Seine-et-Oise, Radicale de gauche avec la venue de la Ve République et la naissance des petites Yvelines.

Mais de gauche ou pas, tenante de ce radicalisme modéré, tellement modéré que beaucoup parmi ses adversaires, voire parmi ses alliés qui ne l'aimèrent jamais autant que victorieuse, ne se firent pas faute de rappeler que, sous la radicale, perçait la milliardaire. Jacqueline Thome-Patenôtre, J.T.-P., en effet, est riche. Ou le fut puisqu'elle dit qu'elle ne l'est plus. Quelle importance aujourd'hui ?

Dans l'appartement de l'avenue Foch, cette dame paraît profondément marquée par la défaite, désemparée. Elle se rassure : « *J'ai été battue par la politique, non par les gens, battue par les erreurs de la gauche, de certaines personnes de gauche.* » Mais le désarroi est manifeste : « *Je ne ferai plus de politique active. Tant pis. Cela s'arrêtera plus tôt, voilà tout. Mais il va m'être dur, dif-*

1. Trois femmes ont occupé des fonctions ministérielles dans les gouvernements de la IVe République : Mme André Viénot a été sous-secrétaire d'État à la Jeunesse et aux Sports dans les cabinets Bidault (juin-novembre 1946) et Blum (décembre 1946-janvier 1947), Mme Germaine Poinso-Chapuis a été ministre de la Santé publique et de la Population dans le cabinet Schuman et Mme Jacqueline Thome-Patenôtre sous-secrétaire d'État à la Reconstruction et au Logement dans le cabinet Bourgès-Maunoury (juin-septembre 1957). Mlle Dienesch fait sans doute allusion au gouvernement socialiste de Léon Blum.

ficile, de ne plus aller au Parlement. Et puis j'aimais tellement les gens, l'action, les permanences. »

La passion politique, voilà le moteur J.T.-P. Si l'on osait, on dirait presque que Mme Thome-Patenôtre a eu le veuvage politique. Alors, très vite, l'espoir qui sauve : « *Mais vous allez voir. Ma mairie, je vais m'en occuper. Cela oui, comme jamais.* » L'envie de ne pas se retrouver veuve. « *Et puis je vais essayer d'organiser des réunions une fois par mois, de tenir salon, de rassembler ici des journalistes, des écrivains, des hommes politiques. De rendre service. Hein, qu'est-ce que vous en pensez ?* » Un temps : « *Les gens se détestent aujourd'hui sans même s'être connus.* »

Désarroi et amertume. Jacqueline Thome-Patenôtre ne se dit pas trahie, mais lâchée. « *Dans la ville nouvelle et à Plaisir, j'ai bien tenu le coup. Mais j'ai été lâchée à Chevreuse et à Rambouillet par les gens du* CERES*, par les socialistes du sud du département. Pas par les communistes, non, eux ils se sont battus pour imposer leur candidate et après ils ont joué le jeu. Mais les socialistes de Rambouillet, mes amis, soi-disant, le parti frère paraît-il... Ah ! l'ingratitude de ceux que j'ai fait entrer à la mairie.* » J.T.-P. refait ses comptes : « *Il est même étonnant que j'aie obtenu autant de voix. Abandonnée par le centre droit qui a eu peur du programme commun, lâchée par des voix de gauche pour qui je n'étais pas assez de gauche...* »

Les vieux réflexes politiques jouent toujours et résument toute la carrière : « *Les gens n'ont pas compris que cette circonscription au fond était de droite et que mon mari, puis moi-même, nous étions seuls capables de la maintenir à gauche. Ils ont peut-être trouvé que je n'étais pas assez de gauche, mais ils ont oublié que mon électorat l'était encore moins que moi.* » Image d'un radicalisme de gauche pris entre l'arbre et l'écorce.

Mme Jacqueline Thome-Patenôtre, soixante-douze ans, a vécu bien des campagnes. Toutes victorieuses, sauf celle-là. Et celle-là, justement, elle l'a trouvée « médiocre », hors de propos avec les grands problèmes de l'époque. « *Je n'ai jamais entendu parler de défense nationale, de l'Europe, des problèmes monétaires, de celui des matières premières, de l'inflation, des échanges extérieurs. Ni à droite ni à gauche.* » Elle l'a trouvée hors du temps, hors des réalités et, en ce qui concerne la gauche « maladroite ». « *Tenez, le rapport Mexandeau. Il était saugrenu de ressusciter la guerre des écoles. Le parti socialiste a perdu 1 million de voix sur cette affaire.* » « *Chaque parti de gauche aurait dû avoir son programme. Le programme commun je l'ai signé en 1973. Pour ne pas changer de côté, car cela me gênait de quitter mes amis. J'ai eu tort.* »

Le « bail » de J.T.-P. avec la nation est dénoncé. « *Trente et un ans de Parlement, cela marque.* »

26-27 mars 1978, Pierre GEORGES

Chez les femmes des candidats
Mme Giscard d'Estaing : je ferai ce qu'il faut faire

Madame Valéry Giscard d'Estaing reçoit Christiane Collange, d'Europe 1, à la permanence électorale de son mari, qu'elle seconde dans sa campagne. Elle lui ressemble : elle a le même front, la même expression réservée. « *Elle a un regard de jeune fille sage, et le disque des Quatre Saisons qu'elle a choisi pour illustrer son interview lui va comme un gant blanc* » précise Christiane Collange, au cours de son émission de mercredi matin. (Elle s'était entretenue, mardi, avec Mme Chaban-Delmas et, lundi, avec Mme Royer.)

Anne-Aymone Giscard d'Estaing sert à son mari d'attachée de presse, de « public relations ». Elle parle peu de lui. On apprend cependant qu'il est « *très sensible et souffre beaucoup des choses désagréables que l'on peut dire sur lui* ». Bien qu'elle appartienne à la « société », Mme Giscard d'Estaing se sent de plain-pied avec toutes les couches sociales. Quand elle va dans sa maison de campagne, en Auvergne ou dans le Loir-et-Cher, elle parle avec tout le monde.

Les Giscard d'Estaing ont quatre enfants. L'aînée, Valérie-Anne, vingt ans, suit son père dans sa campagne, ce qui inquiète sa mère, à cause des études, « *plus importantes encore pour les filles que pour les garçons, si elles veulent avoir une vie à elles* ». Les quatre enfants vont dans des institutions privées religieuses. « *Je trouve primordiales l'instruction et, surtout, l'éducation religieuses* », dit Anne-Aymone Giscard d'Estaing. Comme son mari, elle est catholique pratiquante.

Et si elle avait un enfant gauchiste ? demande Christiane Collange. Elle trouverait cela distrayant, répond-elle, et elle s'étonne de voir qu'aucun des enfants ne conteste le père.

La famille tient une telle place dans son existence qu'elle dit : « *Je ne serais pas fâchée que mon mari ne soit pas élu. J'irais cultiver mon jardin.* » Mais s'il est élu, elle fera ce qu'il faut faire, tout en essayant de sauvegarder sa vie familiale.

Christiane Collange, à l'antenne, ne lui a posé aucune question sur la contraception ou l'avortement.

25 avril 1974, Colette Godard

RELEVONS NOS MANCHES!
Catherine Beaunez

III – VALÉRY GISCARD D'ESTAING NOMME LA PREMIÈRE FEMME MINISTRE

1974 est une année symbolique. Valéry Giscard d'Estaing nomme la première femme ministre dans l'histoire de la Ve République : Simone Veil, ministre de la Santé, défendra la loi légalisant l'interruption volontaire de grossesse, en 1975. Pour la première fois encore, une femme, Arlette Laguiller (Lutte ouvrière) s'est portée candidate – à l'âge de 33 ans ! – à la présidence de la République. Les années 1970 ont beau être les années féministes, les femmes ont toujours du mal à s'imposer : en 1977, le PS n'investit que 5,5 % de candidates en vue des législatives de 1978. Le mouvement Choisir de la féministe Gisèle Halimi présente cent candidates à la députation dont aucune ne sera élue. Pourtant, les femmes commencent à faire entendre leur voix. Entre les deux tours de la présidentielle de 1981, le candidat François Mitterrand promet, devant les femmes de Choisir, l'introduction d'un quota de 30 % de candidates aux municipales.

Simone Veil, ministre de la Santé

Une femme, Mme Veil, accède pour la première fois au rang de ministre, alors que la Ve République n'avait jamais offert plus d'un portefeuille de secrétaire d'État à une femme par gouvernement. Dans le précédent cabinet, Mlle Marie-Madeleine Dienesch occupait le secrétariat d'État auprès du ministre de la Santé publique. La dernière femme ministre a été Mme Poinso-Chapuis qui fut ministre de la Santé publique sous la IVe République dans le gouvernement Robert Schuman de novembre 1947.

30 mai 1974

Les femmes absentes de la campagne

Les figurantes de l'élection
par Claude Servan-Schreiber, journaliste

« Combien de femmes occupent-elles des postes de responsabilité dans votre entourage ? », demande-t-on un jour à Jacques Chaban-Delmas. Celui-ci répondit sans rire qu'il était, sur ce plan, assez content de lui. « *J'en ai une en particulier, précisa-t-il, qui est chef de mon secrétariat* »[1]. Voilà jusqu'à quelles extrémités son féminisme pousse le maire de Bordeaux.

Comme le montre la campagne actuelle, M. Chaban-Delmas n'est pas, hélas ! seul de son espèce. Tous les candidats auraient pu, s'ils y avaient attaché de l'importance, confier à des femmes des postes de responsabilité « politique » au sein de leurs équipes. Dans celles des trois favoris, cependant, on ne trouve de collaboratrices qu'aux échelons traditionnellement réservés au deuxième sexe : secrétariat, relations avec la presse ou encore affaires féminines et familiales. Prétendre que les femmes sont capables de s'occuper d'autre chose que de contacts humains ou de layette passe encore pour une incongruité dans la classe politique française. Les journaux, et surtout les magazines, renforcent encore ces préjugés lorsqu'ils s'empressent de nous présenter comme à chaque fois, les épouses des candidats sous leur jour le plus traditionnel, secondes effacées et dévouées à l'ombre de leurs maris-vedettes.

Depuis bientôt trente ans que les voix féminines sont comptées

1. Interview publiée dans *Elle* le 5 janvier 1970.

dans les consultations électorales, elles ne sont toujours pas mieux écoutées. Les élections restent, personne n'en doute, une affaire d'hommes où les femmes jouent seulement le rôle de figurantes. Certes, on rencontre pour la première fois dans une campagne présidentielle une candidate marginale il est vrai, Arlette Laguiller, seule contre onze. Elles auraient pu être deux. Cinq jours avant la date limite du dépôt des candidatures, la Ligue du droit des femmes avait annoncé celle d'une de ses militantes. Mais faute d'avoir réuni les signatures nécessaires – le temps lui a manqué –, Huguette Leforestier dut renoncer à se présenter. Un appel de Simone de Beauvoir, que la plupart des journaux ne daignèrent même pas publier, rencontra peu d'écho auprès des quelques femmes élues. Car tous les partis politiques se retrouvent pour condamner le féminisme : la gauche craint qu'il ne divise ses troupes, la droite classique qu'il ne brise la famille ; quant à Jean Royer, il semble penser comme au Moyen Âge, que la femme incarne les tentations du démon... Il en résulte que les candidats à des postes électifs, surtout s'agissant de ceux qui confèrent à l'élu un pouvoir réel, forment un club très fermé. N'y pénètrent que ceux qui ont le genre qu'il faut.

Pour cette raison, nous subissons cette fois encore, les discours électoraux de toujours, assortis de promesses dont la plupart ne correspondent pas à la réalité ni, surtout, à l'ampleur de nos besoins. On nous promet que la situation des familles les plus défavorisées sera examinée avec une sollicitude particulière ; on nous affirme que les salaires les plus bas seront relevés et que les femmes en bénéficieront, puisqu'elles sont, de loin, les plus nombreuses au bas de l'échelle des rémunérations ; on nous annonce la construction de crèches et de maternelles. Tout cela est bel et bon, mais totalement insuffisant. Dans un pays où les deux sexes constituent des castes tranchées, les mesures qui s'imposent sont d'un autre ordre. Par exemple, une liberté de procréation réelle, la mixité de l'emploi dans tous les secteurs et à tous les niveaux assurée par la loi, une diminution substantielle du temps de travail pour les hommes comme pour les femmes « *afin de rendre possible le partage des tâches ménagères* », une politique cohérente de la petite enfance... Ce n'est pas le lieu ici de rappeler toutes les dispositions qui feraient progresser la décolonisation des Françaises. Il suffit de constater qu'elles ne figurent, au mieux, que d'une manière partielle et décousue dans les programmes qui nous sont proposés.

L'élection de 1974, quelle qu'en soit l'issue, ne sera donc pas celle qui révolutionnera « notre » parcours historique. Dans ces conditions, pour qui voter, et selon quels critères ? Faute de grives...

Un problème urgent, douloureux, fondamental reste en suspens depuis trop longtemps : celui de l'avortement. Parmi les candidats qui ont une chance d'emporter, au premier tour, plus de 1 % des voix, en est-il un qui le résoudrait à la satisfaction des femmes ? Ce n'est en tout cas pas M. Royer, dont on pourrait craindre, au contraire, qu'il ne fasse appliquer la loi de 1920 plus sévèrement encore que ses prédécesseurs. Ce n'est pas M. Chaban-Delmas, tenu par sa majorité UDR immobiliste. Ce n'est sans doute pas non plus M. Giscard d'Estaing qui, malgré de bonnes intentions exprimées à plusieurs reprises, a choisi d'escamoter le sujet pour un temps, afin de ne pas effrayer sa clientèle. Saurait-il, élu, montrer plus de courage ? Reste M. Mitterrand, premier secrétaire d'un parti favorable à l'avortement libre et gratuit. À condition qu'il ne se laisse pas freiner par un allié communiste plus conservateur que lui dans ce domaine, ses électrices peuvent au moins espérer qu'il tiendrait ses engagements.

25 mai 1974

PORTRAIT

Arlette Laguiller, une militante

La première chaîne de télévision a présenté, mardi 23 janvier 1973, le portrait de Mlle Arlette Laguiller, membre de la direction politique du mouvement trotskiste Lutte ouvrière et candidate dans la 26e circonscription de Paris (18e arrondissement)

Âgée de trente-deux ans, Mlle Laguiller sera une des 46 femmes (sur 170 candidats) que présentera son parti aux élections législatives. Elle profitera de cette campagne électorale pour dénoncer « *la double exploitation de la femme* » et aborder des sujets jugés inopportuns par les autres formations politiques, l'avortement en particulier. Elle se définit elle-même comme « *une militante, (...), une femme qui, n'ayant pas de mari ni d'enfants à charge, peut témoigner et lutter avec les révolutionnaires qui cherchent à construire une véritable société socialiste, une société où n'existera plus ni police ni lutte pour le profit* ».

25 janvier 1973

« Toutes les femmes sont exploitées »

Mlle Arlette Laguiller, candidate de Lutte ouvrière, s'est, au cours de sa première intervention à la télévision, samedi 20 avril, spécialement adressée aux femmes. Elle a notamment déclaré : « *Eh bien oui ! je suis une femme et j'ose être candidate à la pré-*

sidence de cette République d'hommes. Cela semble étrange. Les hommes, qu'ils soient de gauche ou de droite, sont pour l'égalité des hommes et des femmes. Mais quand il s'agit de commander, de diriger, de prendre des responsabilités, quelle place laissent-ils aux femmes ? »

Après avoir rappelé le nombre dérisoire de femmes siégeant au Parlement et participant aux décisions politiques à travers les états-majors des partis politiques Mlle Laguiller a continué : « *Voilà la réalité : les femmes n'occupent que des emplois subalternes ; elles n'ont pas les mêmes salaires... ce sont des étrangères dans leur pays. Notre société n'est pas sortie de la barbarie. Même vous, hommes de gauche, comme on l'a bien vu en 1936, où vous n'avez pas accordé le droit de vote aux femmes, vous n'accordez pas vos paroles et vos actes.* »

La candidate de Lutte ouvrière a, alors, assuré que « *pour les socialistes révolutionnaires, l'égalité de l'homme et de la femme est un fait* » et que, « *si la femme occupe aujourd'hui une situation inférieure à celle de l'homme (...) c'est parce que nous vivons dans une société d'exploitation, une société qui repose sur l'injustice et sur l'inégalité. Toutes les femmes sont exploitées, et si certaines ont des cages dorées, ce sont tout de même des cages* ».

Auparavant, Mlle Laguiller avait revendiqué « *pour toutes les femmes de ce pays le droit à la contraception et à l'interruption d'une grossesse non désirée* ».

23 avril 1974

Simone Veil légalise l'IVG

Une femme

Sans mots grandiloquents ou dramatiques, sans jamais chercher, au nom de la société, le secours d'une règle morale, mais avec lucidité, calme, précision et humanité, c'est ainsi que Mme Simone Veil, lors de sa conférence de presse de mercredi, a su présenter le projet de loi, en expliquer le contenu et répondre aux questions les plus difficiles.

Comparé au ton employé jusqu'alors, en la même circonstance, par ses prédécesseurs hommes, ministres ou députés, le contraste a été frappant. Est-ce parce qu'une femme – pour la première fois en France – se trouve chargée officiellement de proposer des mesures en ce domaine ?

Tout au long de son propos, Mme Veil n'a-t-elle pas mis en

lumière certains sentiments, certains désarrois, que peuvent éprouver les femmes « *dans une telle situation de détresse* » et auxquels il n'avait jamais été fait allusion jusque-là à une tribune officielle ? N'a-t-elle pas, à plusieurs reprises, parlé de protéger « *sans humilier* » et expliqué le refus de voir les femmes obligées de se soumettre à l'avis d'une commission ou de plusieurs médecins ? Refus de « *cette sorte de tribunal* » devant lequel les femmes auraient eu à plaider leur cause en dévoilant des raisons très personnelles que tout être humain souhaite ne confier que dans des entretiens seul à seul.

Mme Simone Veil a eu aussi le courage d'affirmer qu'« *aucune femme ne peut envisager sans répugnance* » d'interrompre une grossesse. Car c'est là un « *signe d'échec* » douloureux. Elle a encore évoqué la solitude à laquelle sont si souvent confrontées celles qui se trouvent acculées à une telle décision. Au point que, à propos d'une question sur la responsabilité entière donnée à la femme pour décider ou non de refuser une naissance, Mme Veil a souhaité que « *le conjoint ou l'ami* » assiste à l'intervention, afin qu'il prenne conscience de l'épreuve que cela représente pour celle qui la subit et la partage avec elle.

Il fallait, à coup sûr, une femme pour savoir tenir un tel langage.

15 novembre 1974, Anita RIND

Femmes entre elles

Pour montrer que les femmes (de la majorité) sont plus unies que les hommes (de la majorité), Mme Simone Veil, ministre de la Santé, a déjeuné, vendredi 20 janvier, avec des représentantes de toutes les familles politiques qui soutiennent le gouvernement.

Étaient notamment présentes :

Mmes Monique Pelletier, nommée secrétaire d'État auprès du ministre de la Justice le 10 janvier dernier, après avoir été chargée par le président de la République d'une mission d'information sur la toxicomanie, et membre du bureau politique du parti républicain ; Hélène Missoffe, secrétaire d'État auprès du ministre de la Santé, chargée des problèmes féminins au sein du RPR ; Christiane Scrivener, secrétaire d'État auprès du ministre délégué à l'Économie et aux Finances, chargée des problèmes de la consommation ; Brigitte Gros, sénateur, maire radical de Meulan (Yvelines) ; Anne-Marie Fritsch, député réformateur de la Moselle ; et Isabelle du Saillant, membre de l'Association pour la démocratie et sœur du chef de l'État.

« *Nous avons constaté, a déclaré Mme Veil, que nous ressentions de la même façon certains problèmes spécifiques, qu'ils soient d'ordre politique ou professionnel, que nous les ressentions d'une façon un peu différente de celle des hommes qui sont majoritaires au Parlement.* »

22-23 janvier 1978

Après cinq années au ministère de la Santé et de la Famille, Mme Veil quitte le gouvernement

Nommée ministre de la santé en 1974, Mme Simone Veil a vu, en cinq ans, ses attributions s'accroître et inclure, en 1976, la Sécurité sociale, et, en 1978, la politique de la famille. Dans *Le Monde* du 12 juin, le docteur Escoffier-Lambiotte a rappelé longuement ce que fut son action. Le président de la République a déclaré au cours du conseil des ministres de ce mercredi 4 juillet : « *Mme Simone Veil a symbolisé l'accès des femmes aux plus hautes responsabilités de la société française. Par sa simplicité, sa dignité et sa compétence, elle a illustré l'apport indispensable des femmes à la vie publique de la France. Son action lui a valu l'estime et l'affection de ses collègues du gouvernement, et l'a constamment placée au premier rang dans le jugement de l'opinion publique.* »

M. Pierre Hunt, porte-parole de l'Élysée, a précisé que le président de la République, se tournant vers Mme Veil avait ajouté : « *Nous regretterons votre sourire.* »

5 juillet 1979

Trois ans plus tard...

Mme Simone Veil affirme dans une interview au *Matin-Magazine* du 20 novembre qu'elle « *ne songe pas* » à présenter un jour sa candidature à la présidence de la République. « *Peut-être parce que je suis une femme* », ajoute-t-elle en expliquant : « *Certains hommes dans ma position se laisseraient peut-être aller à y penser ; mais les femmes sont plus réalistes.* »

24 novembre 1982

PORTRAIT
Les dissonances de Simone Veil

Dans cette chaude soirée de fin de printemps, une femme habillée de soie verte rentre chez elle à pied, seule, en balançant son sac à main au rythme de ses pas. C'est bon de rentrer chez soi tous les soirs après, comme elle dit, « *quatorze années la tête dans les valises* ». Au coin de la rue, à deux pas du ministère, il y a ce grand appartement plein de tableaux modernes où l'attend Antoine, et « Dame-chat », la persane blanche, qui a les yeux verts elle aussi. Depuis qu'elle a retrouvé le ministère de la Santé, Simone Veil a les joues en pomme, comme une jeune fille. Et un air gourmand.

Elle a beaucoup hésité à revenir au gouvernement. Mais ses enfants l'ont « engueulée ». « *À quoi ça sert, lui disaient-ils, ta popularité ? Tu la gardes comme ces gens qui ont un magot, et se font enterrer avec...* »

Fallait-il accepter le risque de « *perdre son âme* » ? Fallait-il oser danser avec Charles Pasqua cet improbable tango où l'on guette le moindre de ses faux pas ? À soixante-cinq ans, Simone Veil s'est dit qu'elle n'avait rien à perdre. Tant pis si le ton « dame patronnesse » de ses premières interventions sur la ville a pu faire ricaner des spécialistes de terrain. Sa passion pour ce dossier n'est pas feinte : « *Aussi loin que je remonte, je me suis toujours occupée des exclus.* »

Aussi loin ? Simone Veil s'appelait alors Simone Jacob. Elle vivait à Nice, avec son père, André, architecte, sa mère, Yvonne, ses deux sœurs, Denise et Milou (le petit nom de Madeleine), et Jean son frère, une famille de bourgeois cultivés, qui tirait le diable par la queue. Simone aimait le scoutisme. Ses amies lui avaient choisi un totem plutôt rigolo : « Lièvre agité ». Puis, quand elle s'était assagie et que sa beauté l'avait imposée, on l'avait appelée « Balkis », le nom donné dans le Coran à la reine de Saba.

Les Jacob étaient juifs. Les Allemands, après les Italiens, avaient occupé Nice. Au lycée qu'elle aimait tant, on avait demandé à Simone de ne plus venir. Denise était partie pour Lyon s'engager aux côtés des résistants, avec qui, plus tard, elle sera déportée. La famille s'était dispersée, cachée. Le 30 mars 1944, au lendemain d'un bachot passé malgré les consignes de prudence, Simone Jacob avait été arrêtée. Puis sa mère et Milou. Ensemble elles avaient pris le chemin de Drancy. Trois jours et trois nuits de wagons à bestiaux plus loin, elles avaient découvert Auschwitz-Birkenau. Le camp.

(...)

En janvier 1945, Simone, Milou et leur mère avaient dû faire à pied, dans le froid et sans repos, le chemin vers Bergen Belsen. Les plus faibles s'accrochaient aux plus vaillantes. Il fallait avoir le courage, ou la dureté, de se défaire d'elles. Toutes trois avaient attrapé le typhus. Le 13 avril 1945, quand les Anglais avaient libéré le camp, Yvonne Jacob était déjà morte, dans les bras de ses filles. Simone n'apprendra qu'en 1978, grâce aux recherches de Serge Klarsfeld, le sort d'André et de Jean, arrivés le 13 mai 1944 par le convoi n° 73 à Tallin, en Estonie, et jamais revenus.

Simone Veil parle rarement de la déportation. Ou alors par petites touches, au détour d'une phrase. « *Quand nous sommes revenues, dit-elle, nous nous sommes heurtées à l'incrédulité ou à une curiosité presque sadique.* » Impossible de raconter. « *On a peur que les gens ne soient pas assez attentifs, et peur de ne pas le supporter. On a raison, même maintenant ils ne peuvent pas entendre.* » Un soir, dans un dîner mondain, un convive eut le bon goût de signaler à Simone Veil que son ticket de vestiaire était resté collé à son bras. C'était le numéro 78 651 tatoué à Birkenau. Ce n'est qu'entre déportés que la parole peut épauler la mémoire. Simone Veil est contre les procès tardifs de nazis ou de collaborateurs. « *S'il s'agit de pédagogie, un bon film vaut mieux qu'un mauvais procès.* » Barbie ? Elle aurait été « *très contente que quelqu'un le descende,* » a-t-elle admis un jour, le procès de son assassin permettant un procès « *plus objectif* » de l'idéologie nazie.

La jeune femme qui descend en 1946 l'escalier de Sciences-Po est « *belle comme le jour* », se souvient Jean François-Poncet. Simone tente de revivre. Elle fait des études et s'est mariée, le 29 octobre 1946, avec l'un de ses camarades de cours, Antoine Veil, fils d'un industriel lorrain. Quarante-sept ans plus tard, ils n'ont pas l'air d'avoir changé, même si leurs chamailleries sont, dans la famille, légendaires. Ils ont toujours fonctionné en partenaires. Étudiants tous les deux, ils sont très vite parents (Jean puis Claude-Nicolas), alors qu'ils touchent encore des « J3 », ces tickets de rationnement réservés aux adolescents, et qui permettent d'avoir du chocolat et du lait.

Début 1947, Antoine devient attaché parlementaire au cabinet de Pierre-Henri Teitgen. La vie des Veil ne s'éloignera plus de la politique ; par le biais de la haute administration et puis dans la fréquentation étroite des milieux centristes du MRP, les Duhamel, les Fontanet... Alain Poher prend les jeunes gens sous son aile. Commissaire aux affaires allemandes, il trouve à Antoine un poste au consulat de France à Wiesbaden qui lui permettra de préparer l'ENA. Le 1er janvier 1950, la famille Veil s'installe en Allemagne. Simone Veil n'a pas renâclé à y revenir. Elle ne croit pas à la responsabilité collective des peuples. Quand Milou, venue rendre visite à sa sœur, se tue en 1952 dans un accident de voiture, la nouvelle, trop douloureuse, est cachée aux enfants pendant des années.

Le monde de la pénitentiaire

Revenus à Paris, les Veil deviennent très « parisiens ». Antoine papillonne avec intelligence, et une bonne dose d'ambition, dans les salons éclairés. Simone a une folle envie de s'inscrire au barreau. Antoine n'est pas d'accord. Il admet aujourd'hui qu'il était un peu « plouc » en ce temps-là. Il n'avait pas envie d'une femme qui travaille, et encore moins en défendant des truands, au risque de délaisser une couvée enrichie en 1954 d'un petit Pierre-François. Mais Simone s'obstine. C'est peut-être leur premier différend. Avec l'intelligence des gens qui s'aiment, ils trouvent un « compromis ». Simone sera magistrat. Possessif au-delà du raisonnable, Antoine n'a pas forcément gagné au change. Lui qui aujourd'hui ne peut s'empêcher, délicieuse mouche du coche, de la harceler jusque dans la salle de bains de ses avis et conseils *(« Antoine, arrête, tu vas me mettre en retard, nous reparlerons de tout cela ce soir ! »)*, voit d'une certaine manière sa femme lui échapper parce qu'elle a, avec son métier, rejoint une passion. Celle des exclus, justement.

En entrant au ministère de la Justice en 1957, François Mitterrand est alors garde des sceaux, Simone Veil découvre le monde de la pénitentiaire. La période est passionnante. Les réformes lancées depuis la Libération sont en pleine phase d'application, soutenues par des gens qui, à un titre ou un autre, ont connu la détention pendant l'Occupation. À une époque où les femmes n'entrent pas en prison, Simone Veil a su vaincre la misogynie de ses supérieurs. Ses enfants se rappellent ces curieux départs en vacances vers la Costa Brava, quand leur mère qui porte alors les cheveux courts les laissait jouer aux cartes dans la voiture pendant qu'elle filait visiter une prison : « *C'est sur le chemin, je n'en ai pas pour longtemps !* »

Le gros dossier que la jeune femme aura à traiter est celui des détenus algériens, FLN comme MNA, dont la condamnation à mort avait été suspendue par le général de Gaulle, mais dont la vie restait menacée par l'OAS dans les geôles algériennes. C'est Simone Veil que l'on envoie pour une mission d'inspection en Algérie. Pendant deux semaines, la jeune femme, logée chichement à Alger dans un hôtel de passe, sillonne les territoires embrasés par la rébellion. Depuis les camps, la peur lui est étrangère. Son rapport sera décisif : on rapatrie en métropole des centaines de détenus. Parmi eux, Djamila Boupacha, une jeune fille de vingt et un ans défendue par Me Gisèle Halimi et un comité de soutien présidé par Simone de Beauvoir. Torturée, violée, la jeune femme est de fait sauvée par l'intervention de Simone Veil.

Mais ces prisons vous mangent la tête. D'autant que les grands rêves généreux de la Libération s'enlisent. En 1964, Simone Veil décide d'entrer à la direction des affaires civiles. Elle est « *épatante* ». René Pleven, Jean Foyer et même Georges Pompidou s'en sont aperçus. Elle se passionne pour l'adoption, les incapables majeurs. Les exclus, toujours... Quand 1968 arrive, elle habite en plein Quartier latin. La « *chienlit* » l'amuse assez. Son inscription au Syndicat de la magistrature sera de courte durée ; elle n'aime pas l'idée d'une politisation de la justice. Séduit par sa rigueur, Jean Foyer l'enverrait bien au Conseil d'État. Mais elle n'a pas l'âge requis. Elle sera donc en 1970 la première femme secrétaire général du Conseil supérieur de la magistrature. Du prestige, sûrement, mais un enterrement de première classe, à un poste où elle n'avait jamais pensé s'ennuyer autant.

Antoine a quitté la haute administration pour le monde des affaires. Simone est dans son sillage. « *Les Veil se sont toujours beaucoup déployés dans Paris* », commente Françoise Giroud. Mais voilà qu'en février 1973, le mensuel *Marie-Claire* publie le photo-montage d'un gouvernement entièrement composé de femmes. Autour du président Pompidou, on reconnaît Marie-France Garaud, Gilberte Beaux, Ménie Grégoire... et Simone Veil, premier ministre. L'intéressée et surtout ses fils s'en amusent. Mais le magazine se targuera un an plus tard d'un flair exceptionnel quand Simone Veil, inconnue du grand public, est nommée ministre de la Santé de Valéry Giscard d'Estaing, ce jeune et nouveau président qui disait vouloir des femmes à son gouvernement. « *Un gadget au même titre que l'accordéon...* » ironise-t-on.

La bataille de l'avortement

Giscard « inventeur » de Simone Veil ? Il l'affirme encore aujourd'hui. Une lecture de l'histoire qui fait franchement sourire Jacques Chirac : « *Giscard ne voulait pas de Simone Veil, qui avait voté Chaban au premier tour et qu'il soupçonnait d'avoir préféré Mitterrand au deuxième. Il avait d'ailleurs pressenti pour la santé une élue de la Moselle proche de JJSS. C'est moi qui ai imposé Simone.* » Celle-ci s'inquiète : Antoine, qui rêvait d'un maroquin, ne va-t-il pas prendre ombrage de cette inversion des rôles ? En fait, il est toujours ravi des bonheurs de sa femme, dit l'une de leurs belles-filles : « *Il est tellement orgueilleux d'elle...* »

Promise par Giscard pendant la campagne, la loi autorisant l'avortement va démontrer que non, décidément, Simone Veil n'est pas un gadget. Tout ce que la France compte de réactionnaires s'est ligué contre elle, y compris dans la majorité censée la soutenir. Jacques Chirac défend bec et ongles celle qu'il appelle fraternellement « Poussinette ». « *Vous êtes cons comme des valises. Et même des valises sans poignées !* » assène-t-il au groupe

RPR, devant lequel Simone Veil expose son projet dans un silence hostile. Un député se promène à l'Assemblée en portant sous le bras un fœtus dans un bocal. Un autre fait entendre à la tribune les battements du cœur d'un bébé *in utero*. Des slogans traitent le ministre de la Santé de « juive avorteuse ». Certains, qui feignent d'ignorer son passé, n'hésitent pas à comparer l'avortement à des pratiques dignes des médecins nazis. Grâce à une opportune grève de l'ORTF, l'intégralité des débats est diffusée sur les trois chaînes. Simone Veil, en trois jours, est devenue la femme la plus célèbre de France. Le test est capital. Elle le passe en force, grâce aux voix de la gauche.

Il reste à démontrer qu'elle sait aussi gérer un ministère. Et c'est la valse des dossiers : la limitation des dépenses de santé bien sûr, où comme beaucoup, elle se casse les dents. La réforme des études médicales, la lutte contre le tabagisme, la politique familiale, la loi sur les prélèvements d'organes, l'humanisation des hôpitaux... Très vite, il est manifeste qu'elle a « son » caractère. Un caractère de cochon, en vérité. Ses colères deviennent célèbres, même à l'étranger. Si elle tombe sous le charme de Fidel Castro (elle qui est viscéralement anticommuniste), il lui arrive d'être odieuse, notamment avec les membres du corps diplomatique. Elle n'hésite pas alors à les traiter comme des galopins, tel ce pauvre ambassadeur de France en Chine, qui avait eu le malheur de lui apporter son petit déjeuner dans sa chambre, alors que madame le ministre était encore en petite tenue...

Elle cultive en fait ce fameux « sentiment d'appartenance », ce côté clanique autant familial que professionnel qui, aujourd'hui encore, la conduit tous les deux mois à présider un repas d'« anciens » de son cabinet. Pour rien au monde elle ne renoncerait aux déjeuners du samedi qui réunissent chez elle, place Vauban, toute la famille. Avec ses petits-enfants, elle manifeste une patience infinie. « *Elle dit toujours qu'il faut laisser l'enfance aux enfants. Elle a une tendresse immense pour cette période de la vie. Peut-être parce qu'elle-même en a été dépossédée de façon si brutale...* », commente sa dernière belle-fille. Le samedi, elle court les galeries, voit deux films d'affilée chez son ami Marcel Bleustein-Blanchet. Elle s'offre des parenthèses, cancane, en harmonie, toujours, avec les femmes. La maison du Midi est ouverte aux amis. Guy Béart y a sa guitare.

Elle ne manque aucun des grands rendez-vous d'anciens déportés et, par différents gestes, manifeste son soutien à la communauté juive. Son judaïsme n'est pas religieux. Israël ne représente pour elle que « *la terre où se sont réfugiés des gens aimés* » et la tentation passagère de l'un de ses fils de s'y installer l'a un jour plongée dans une douleur affreuse. Mais Simone Veil est fidèle. Une fidélité au nom de laquelle elle ne pourrait envisager d'être enterrée sans rabbin.

La présidence du Parlement européen

Au ministère, elle a assis sa crédibilité. Et, depuis décembre 1974, elle est la chouchoute des sondages. « Un cas d'école » pour les politologues. Mais la « cuisine » politique l'horripile. Et son malaise va croissant. L'avertissement des législatives de 1978 a été rude, Giscard veut donner des gages à son électorat conservateur et « se montre nerveux » sur des sujets comme l'immigration. Sent-il sa lassitude ? Rien n'est moins sûr, leurs relations sont si distantes... Mais le président, qui a très vite compris le bénéfice qu'il pourrait retirer de l'image et de la popularité de son ministre de la Santé, a pour elle d'autres projets : la tête de la liste UDF aux élections européennes du 10 juin 1979 et la perspective de la présidence du premier Parlement européen élu au suffrage universel. La porte de sortie est plus qu'honorable et pourrait devenir un tremplin : Simone Veil est immédiatement séduite. L'Europe, oui, voilà bien une vraie dimension. C'est sa passion. « *J'y pensais constamment en déportation*, dit-elle. *Et je ne comprenais pas qu'on n'ait pas tiré la leçon des horreurs de 14-18.* » Pour la paix et pour la construction européenne, elle est prête à tous les engagements. Y compris à faire campagne, ce qu'elle déteste.

Elle veut, dit-elle, « *informer* », pas combattre. Mais l'extrême droite vient à sa rencontre. Le 7 juin, Jean-Marie Le Pen s'est chargé lui-même de chauffer l'audience du préau de la rue Lepic, où elle doit apparaître. L'accueil est redoutable : hurlements, insultes, projectiles, fumigènes... Simone Veil reste calme : « *Vous ne me faites pas peur. Pas peur du tout ! J'ai survécu à bien pire que vous. Vous êtes des SS au petit pied... Vous êtes ridicules, allez vous coucher !* »

Sa photo de campagne est sur tous les murs. Un cliché de vacances choisi dans l'album d'Antoine. Un cliché « nature », comme la candidate à la télévision. La syntaxe est parfois approximative, les phrases paraissent interminables. « *C'est le contraire absolu de Chirac*, note Patrick Poivre d'Arvor, que l'état-major de la campagne consultera un jour pour donner à Mme Veil quelques conseils de clarté. *Dès que le maire de Paris se trouve devant une caméra, il se fige, et, comme à ski, il bloque toutes les sécurités. Simone Veil, elle, ouvre tout et dévale la pente tout schuss. Elle veut tout dire, comme cela lui vient, sans filtre, sans frein.* » Pourtant, le discours passe. « *C'est fascinant*, constatera plus tard Michèle Cotta. *L'audience augmente dès qu'elle paraît à l'antenne, même si elle n'apporte jamais de scoop.* » Le 10 juin, la liste de Simone Veil arrive largement en tête avec 27,5 % des suffrages, devançant celles menées par François Mitterrand,

Georges Marchais et Jacques Chirac. Le 17 juin 1979, elle est élue présidente du Parlement européen. Sa vie bascule. Une page est bel et bien tournée.

Simone Veil, pour tout le monde, devient l'Européenne. De capitale en capitale, elle impose une image, une histoire et une voix, reçue partout sauf à Paris avec les honneurs réservés aux chefs d'État. « *Le monde découvrait soudain l'existence politique d'une Europe dont la démarche n'avait paru alors que strictement économique* », explique Enrico Vinci, son ex-directeur de cabinet, devenu secrétaire général du Parlement européen. Mais, partagée entre Bruxelles, Luxembourg ou Strasbourg, Simone Veil est bien seule. Chaque matin, à 7 heures, elle a un rendez-vous téléphonique avec Antoine. Et puis Mme le président fonce. Malhabile à prendre ses marques dans l'univers tour à tour anarchique et kafkaïen du Parlement. Ah ! l'eurocratie ! Que de colères fameuses fait-t-elle piquer à Simone Veil ! Les radicaux italiens en profitent et multiplient les provocations.

Simone Veil enrage, tempête au micro, mais prend peu à peu de l'assurance, et fait même rire la salle en acceptant un jour avec le sourire le bâillon que lui remet solennellement Marco Panella pour protester une fois de plus contre la limitation de son temps de parole : « *Quelle gentille attention, M. Panella ! Vous saviez donc que mon anniversaire était demain ?* » Sa popularité croissante ravit le buraliste de Strasbourg : les enveloppes à l'effigie de Simone Veil qu'il édite à tirage limité et numéroté font aujourd'hui partie des plus cotées sur le marché. Avec celles de de Gaulle, Schuman et Monnet...

Le 19 janvier 1982, applaudie par l'Assemblée au grand complet, Simone Veil abandonne sa présidence. Elle a les larmes aux yeux. Elle n'a pas osé se représenter. « *Elle ne sait pas sauter les haies* », observe un parlementaire. Simone Veil, surtout, ne brigue jamais un poste : on vient la chercher. Giscard le sait, qui l'a sollicitée deux fois, mais fit semblant, en 1977, pour protéger son ami Michel d'Ornano, de ne pas comprendre son attirance réelle pour la mairie de Paris.

La méfiance de François Mitterrand

Depuis son élection comme parlementaire européen, elle n'a guère eu le temps de se mêler de la politique intérieure française. Mais sa voix dissonante a montré par deux fois son originalité. Copernic, d'abord. L'attentat qui, le 3 octobre 1980, a provoqué la mort de quatre personnes devant la synagogue. Aucun membre du gouvernement ne paraît à l'immense manifestation organisée le lendemain dans Paris. Simone Veil est écœurée. Paul Benmussa, le propriétaire du restaurant Chez Edgar, se rappelle l'avoir vue pleurer : « *Personne n'est venu, disait-elle, pas même le secrétaire de l'Élysée !* » Elle ne le pardonnera pas à Giscard.

Puis il y eut l'affaire des municipales de Dreux, où RPR et UDF firent liste commune avec le Front national contre la socialiste Françoise Gaspard. « *Si j'étais électrice à Dreux, je m'abstiendrais au second tour* », dit Simone Veil, posant clairement le problème de l'extrême droite.

Mais au fait, où se situe-t-elle vraiment, cette dérangeuse ? « *À gauche pour certaines questions, à droite pour d'autres. Ce qui est important, c'est le clivage entre, d'une part, la liberté et le pluralisme et, d'autre part, le totalitarisme* », déclare-t-elle un jour à « L'Heure de Vérité ». Droite ? Gauche ? La question embarrasse. « *Elle a, économiquement, une culture de droite ; sociologiquement, une culture de gauche* », se risque Michel Durafour. André Rousselet lui trouve « *des réflexes de gauche* », mais « *une solidarité sociologique de centre droit* ». Michel Poniatowski la place « *vraiment au centre* », et Bernard Kouchner, qui en fait « *la dernière des Justes* » ne désespère pas de se retrouver « *un jour avec elle dans un gouvernement* ». L'occasion pourtant est passée.

Mais, de Simone Veil, François Mitterrand s'est toujours méfié. « *Il n'a jamais exercé sa séduction à son égard* », dit joliment André Rousselet, qui bénéficie de l'amitié de chacun d'eux. En 1986, elle n'est qu'un outsider parmi les premiers ministrables, et Jacques Chirac n'envisage même pas de la prendre dans son gouvernement. 1988 ? L'heure, pense-t-on, est à l'ouverture, et Simone Veil, le soir même de la victoire de François Mitterrand, estime qu'« *il n'y a pas d'obstacle de principe à gouverner avec les socialistes* ». Encore faudrait-il un véritable contrat de gouvernement, l'assurance d'un retour au scrutin proportionnel, ce que le président refuse. « *Il voulait les centristes un par un et à poil* », se souvient un proche de Matignon. Simone Veil, que Michel Rocard a rencontrée secrètement, condamne « *cette politique de débauchages individuels* ». « *Dommage* », dit André Rousselet.

À l'approche des européennes de 1989, les « rénovateurs » (Séguin, Baudis, Noir, Carignon...) ont sa sympathie, et elle envisage même de soutenir une liste qu'ils conduiraient. Mais les « quadras » rentrent dans le rang. Alors elle fait sa propre liste. Son score (8,5 %) est un « *naufrage* », ricaneront les giscardiens. « *Au contraire !* s'indigne encore Antoine Veil. *Simone y a gagné les galons de son indépendance !* »

Claquer la porte ?

Très chère indépendance... Les partis (« *dont elle sait se servir quand il faut* », dit Bernard Pons) lui rendent le mépris qu'elle leur porte. On y jalouse sa liberté de parole et sa popularité acquise sans suffrage. Mais elle reste intouchable. On s'amuse sous cape du Club Vauban, le cercle de réflexion animé depuis 1985 par Antoine Veil ; mais on aimerait y rejoindre les Stasi, Stoléru, Fourcade, Méhaignerie, mais aussi Kouchner, Delebarre, Huchon, bientôt Martine Aubry, cooptés par les Veil. Réfléchir entre gens du monde ne suffit pourtant pas à Simone, qui brûle d'agir et s'est résolue à revenir au pouvoir. Mais pour combien de temps ?

« *Le problème, avec elle, c'est qu'on sait qu'elle peut claquer la porte un beau matin* », sourit Michel Poniatowski. Claquer la porte ? Oui, elle en est capable. Édouard Balladur le sait qui fera tout, prédit Poniatowski, « *pour qu'elle n'ait pas de vapeurs* ». Sans doute des dispositions du texte de Charles Pasqua sur l'immigration lui causent-elles quelques aigreurs. Mais on en est à l'algarade, pas au divorce. « *Allons !*, s'exclame Jacques Chirac, *je les connais tous les deux et ne crois pas un mot de leurs divergences.* » Même sur l'Europe ? Non. Sur cette question-là, tous ses amis l'assurent, elle ne transigera pas. « *Caution pour le moment,* admet André Rousselet. *Jamais otage.* »

Au quatrième étage du grand immeuble blanc de Canal Plus, trois auteurs insolents font des hommes politiques des « guignols de l'info », et la farce est grinçante. Simone Veil est absente. Un choix éditorial, explique le directeur artistique : « *Vous feriez un guignol de l'abbé Pierre ?* »... Une restriction, une seule. Récente. « *Depuis qu'elle fraie avec Pasqua, on est redevenus vigilants.* »

Sobrement, Simone Veil note : « *Ils ont raison.* »

22 juin 1993, Annick COJEAN, Agathe LOGEART

À gauche, les féministes montent au créneau

5,5 % de femmes parmi les candidats investis par le PS

« *Je voulais moi-même me mêler à vos travaux pour essayer de donner un élan qui, il faut le dire, est souvent freiné par des habitudes.* » M. François Mitterrand clôturait ainsi, dimanche 20 novembre, à Paris, deux journées de discussion organisées par le secrétariat à l'action féminine du PS. Cent vingt personnes étaient venues pour préparer une convention nationale du PS sur le thème des « luttes des femmes », qui aura lieu le 14 janvier.

Adopté lors du congrès de Nantes, qui décida aussi de la création du secrétariat à l'action féminine confié à Mme Yvette Roudy, le projet de convention comporte l'ordre du jour suivant : rapports entre la lutte des femmes et la lutte des classes, la famille, le travail, le militantisme féminin et les libertés. Une brochure réunissant les principaux textes de référence du parti à propos des femmes a été publiée[1].

Un tiers des sections du PS n'ayant pas encore de secrétaire fédéral à l'action féminine, l'optimisme des militantes se tempère d'une certaine inquiétude : celle que leurs revendications ne soient appuyées par le parti que du bout des lèvres. À cela s'ajoute le fait que, sur les 434 investitures accordées pour les élections législatives le 6 novembre[2], 25 seulement l'ont été à des femmes, soit 5,5 %, dont 10, estime-t-on, ont des chances de l'emporter. Ce déséquilibre s'explique, dit Mme Roudy, par le « fonctionnement démocratique » du PS : « *La désignation s'effectuant à la base, un groupe désigne quelqu'un en qui il se reconnaît. Or, pour l'instant, l'ensemble des militants ne se reconnaît pas dans les femmes.* »

Pour y remédier, le PS préconise une amélioration de l'information et un effort accru en faveur de la formation des militantes. Ainsi, le travail « *condition de libération en tant que facteur d'indépendance* », a-t-il été au centre de ces deux journées. Cela suffira-t-il ? Certaines participantes semblaient perplexes en entendant M. Mitterrand souligner que « *peu nombreuses sont les femmes sachant revendiquer utilement* ». Estimant que « *le féminisme est la préhistoire de l'action féminine* », le premier secrétaire du PS devait provoquer quelques « mouvements divers » en souhaitant qu'« *il ne s'agisse pas de cela ici* ». « *Vous venez d'effacer la préhistoire,* ajouta-t-il, *mais vous êtes encore dans le Moyen Âge. Maintenant, il faut accélérer les étapes pour parvenir à l'âge de raison.* »

22 novembre 1977

1. *Les immigrées de l'intérieur,* Dossier préparatoire à la convention du 14 janvier 1978, « Le PS et les luttes des femmes », collection « Femmes et socialisme », 111 pages, 7 F. PS, 7 bis, place du Palais-Bourbon, 75007 Paris.
2. À la liste des candidats du PS, publiée dans *Le Monde* du 9 novembre 1977, s'ajoutent celles de Mmes Michèle Mathieu dans la quatrième circonscription des Alpes Maritimes, et Yvonne Arou-Vignaud, dans la troisième circonscription du Var.

Le programme de Choisir : les femmes « au charbon » électoral

La France est coupée en deux : d'un côté les hommes, de l'autre les femmes. Tel est le point de départ de la réflexion de soixante-dix femmes qui ont, après cinq mois, mis au point le « programme commun des femmes » présenté ce lundi 6 février par Mme Gisèle Halimi, avocate, qui a aussi rendu publique la liste des cent candidates aux élections législatives (cinquante titulaires, cinquante suppléantes) regroupées, en dehors de tout parti, sous la seule étiquette « Choisir la cause des femmes ». « Cent femmes qui ont refusé, selon Mme Halimi, d'être les servantes au grand cœur ou les alibis des uns et des autres, cent femmes qui pourraient être quatre cents si le mouvement Choisir avait pu réunir les fonds nécessaires. »

Dans une lettre qui va être envoyée à tous les partis politiques, les militantes de Choisir affirment qu'« il n'y a pas de crise des candidatures féminines, mais simplement des candidates qui ne trouvent pas les moyens de se faire élire ». Mme Halimi a conclu : « Nous ne sommes pas des marginales, des excitées, des farfelues, nous sommes la plus grande masse de ce pays et nous pouvons dire avec Paul Eluard : "Je ne regrette rien, j'avance." »

Le « programme commun des femmes » se veut un « *outil de contestation* », un *vademecum* destiné aux femmes pour interpeller les candidats et se déterminer en fonction de leurs réponses. Est-il « politiquement » neutre ? Mme Halimi, dès l'introduction, annonce la couleur. « *La droite droitière ? Elle tient la femme pour la plus noble conquête de l'homme.* » « *Les réformateurs ?* » M. Giscard d'Estaing a créé un secrétariat d'État à la condition féminine qui – sans moyens financiers – « *sera bâti sur des performances de représentation* ». Au « *hommes et femmes, même combat* », clamé par la gauche, Mme Halimi répond que la suppression de l'économie de profit est nécessaire, mais pas suffisante à la libération de la femme : « *L'avenir boitera, s'il n'est construit que de main d'homme et d'attente de femme.* »

Abandonnant leurs fourneaux pour « *aller au charbon* », cinquante candidates et autant de suppléantes (dont Mme Halimi dans le 15e arrondissement de Paris) tenteront de « *fausser le jeu* » imposé par les partis, sans se faire d'illusions sur leurs chances de succès, mais avec suffisamment de conviction pour montrer que « *la politique est une chose trop sérieuse pour être laissée aux hommes seuls* ».

Politique oblige : le « programme commun des femmes » propose la création d'un grand ministère des femmes avec crédits budgétaires ; la représentation proportionnelle qui permettrait, selon lui, à un plus grand nombre de femmes d'être élues ; l'instauration d'un *quota* fixant un nombre minimal de candidates aux élections et de femmes aux postes de responsabilité dans les partis politiques.

S'agissant d'inégalités, le « programme » relève aussi celles qui ont trait au travail. D'abord dans le domaine des salaires, où malgré la loi de 1972, le principe « *à travail égal salaire égal* » n'est qu'une illusion puisque le dernier rapport du CERC (Centre d'étude des revenus et des coûts) montre que les femmes touchent en moyenne un tiers de moins qu'un homme placé au même poste de responsabilité. Le « programme commun des femmes » demande l'application de la loi, de même qu'il suggère des droits – et des devoirs – au regard de la Sécurité sociale, des prestations sociales qui seraient perçues aussi bien par la femme que par le mari (cette dernière proposition a été retenue récemment par Mme Veil), et au regard du fisc.

Loin d'exiger un régime de faveur quant à l'âge d'ouverture du droit à la retraite – peut-être parce que les statistiques montrent que l'espérance de vie des femmes est supérieure à celle des hommes, – le « programme » refuse la retraite à cinquante-cinq ans au profit de la retraite à la carte qui se définirait non en fonction du sexe, mais en fonction de la pénibilité du travail accompli.

« *Famille, pour quoi faire ?* », s'interroge le « programme », qui n'hésite pas à suggérer la suppression de la cohabitation du couple pendant au moins une génération pour venir à bout de la division « archaïque » du travail entre homme et femme : époux gagne-pain et épouse au foyer. Parmi les propositions concrètes figure la possibilité, accordée aux hommes de prendre « *un congé de paternité* » et d'entrer plus nombreux dans les écoles dites maternelles. Une commission siégerait au ministère de l'Éducation pour éliminer des manuels scolaires toute référence à la « force » des petits garçons opposée au « charme » des petites filles.

À propos de la violence contre les femmes, le « programme commun » reprend l'un des chevaux de bataille du mouvement Choisir : les affaires de viols doivent venir en cour d'assises avec publicité des débats et extension à toutes les agressions sexuelles. Le « programme » exige aussi la répression du proxénétisme. En matière de justice, outre un nombre égal d'hommes et de femmes dans les jurys, il se prononce pour la suppression de la peine de mort.

Sans nier les progrès apportés par les lois actuelles sur l'avortement et la contraception, le programme veut aller plus loin : remboursement par la Sécurité sociale, prolongation jusqu'à la douzième semaine du délai pendant lequel une femme peut se faire avorter, suppression de l'autorisation des parents pour les mineures, information libre sur les méthodes contraceptives, définition plus restrictive de la clause de conscience des médecins opposés à l'avortement.

7 février 1978, Anna CHAUSSEBOURG

Guerre des sexes au fond des urnes

À chacun son programme commun. Il y avait celui du parti communiste, celui du parti socialiste. Voici celui des femmes. Mme Gisèle Halimi, en présentant cinquante candidatures féminines aux prochaines élections, veut transcender les clivages sociaux et politiques. Elle veut faire émerger des urnes les voix des femmes, qui représentent 52 % de l'électorat.

Face aux hommes qui se crêpent le chignon, voici les femmes réconciliées et unies sur le terrain où on les attend le moins : la politique. Ces trouble-fête dérangent les analyses habituelles, mais, d'une certaine manière, le mouvement féministe s'engage ainsi – après la période « sauvage » – dans la voie de la récupération. Il faudra bien, au soir du 12 mars, faire les comptes, et dire pour qui l'on se désiste. Pour la femme la mieux placée ? Il faudra négocier – avec les hommes – la prise en compte des revendications « spécifiques ». On en revient au point de départ, ces hommes, toujours, sur la route des femmes...

8 février 1978, Bruno FRAPPAT

Les quarante-trois candidates de Choisir ont obtenu trente-trois mille voix

Le mouvement Choisir annonce que pour le deuxième tour des législatives ses candidates vont informer les électeurs et les électrices « *des options prises sur les revendications des femmes par les candidats restant en présence. Les voix de Choisir se porteront sur celui ou celle qui prendra le mieux en compte ces revendications. Le cas échéant, nos candidates pourront préconiser un vote blanc avec la mention "Choisir"* ».

Les candidats seront « jugés » sur leurs réponses à quatre questions portant sur la création d'un ministère des femmes ; la prorogation en 1980 de la loi sur l'interruption volontaire de la grossesse et l'autorisation de la publicité pour la contraception ; l'instauration d'un congé parental de deux ans pris par le père ou la mère, et dont les sept premiers mois seraient payés à 90 % du salaire ; la suppression de la prise en compte du sexe dans la fixation de l'âge de la retraite.

Dans les quarante-trois circonscriptions où elles étaient présentes au premier tour, les candidates de Choisir ont recueilli, le 12 mars, 32 658 voix sur 2 343 910 suffrages exprimés, soit une moyenne de 1,4 %. Les « scores » varient entre 1 % et 4,3 %, quatre circonscriptions dépassant 2 % ; Bordeaux, Versailles-Sud, Saint-Germain-en-Laye et la 19e circonscription de Paris, où

Mme Gisèle Halimi atteint, avec 1 641 voix, 4,3 % des suffrages exprimés. Le mouvement estime qu'il s'agit « *d'un résultat non négligeable dans la lutte des femmes pour leur égalité civique* » et annonce la publication du « *récit de l'insolite campagne électorale de "cent femmes pour les femmes"* ».

16 mars 1978

PORTRAIT

Une féministe aux champs : Gisèle Halimi

Voiron. – Avouons-le : l'idée de suivre, trois jours durant, la campagne électorale de Mme Gisèle Halimi, présidente du mouvement Choisir, présentée par le parti socialiste dans la quatrième circonscription de l'Isère (Grenoble – Nord – Voiron), pouvait éveiller un plaisir féroce. Une joie méchante à la perspective d'un combat inégal.

La quête de la députation, ce loisir d'hommes, allait nous venger de cette damnée « *Cause des femmes* », qui, dans les villes, nous avait contraint à la discipline. Elle allait, là-bas, se heurter aux traditions gaillardes des agriculteurs, des petits commerçants du bas Dauphiné, ces égoïsmes indéracinables, qu'on imagine volontiers habiles à la chasse, prompts au trousse-jupon, rompus à ces traquenards séculaires que sont les bals du samedi soir, les tours au bois, les noces qui vous garantissent l'euphorie des petites cousines.

En fait de revanche, c'est un sentiment de sympathie apitoyée qu'on éprouve en arrivant à Voiron (25 000 habitants). Cela va plutôt mal pour la présidente de Choisir. Il n'est plus question de féminisme, mais d'un parachutage très mal ressenti par une base socialiste encore bouleversée par la mort, le 29 mai, de Jacques-Antoine Gau, le député sortant, maire de Voiron. Mme Halimi s'était déjà fait interdire l'accès de la circonscription de Blois par les militants du Loir-et-Cher.

L'accueil, le surlendemain, dans la quatrième circonscription de l'Isère, est à peine moins froid. La section socialiste de Voiron avait désigné, comme candidat, le suppléant de Jacques-Antoine Gau, M. Yves Pillet, conseiller général et maire de Pont-en-Royans. La base s'incline avec mauvaise grâce et attend l'intruse, la rage au cœur. La candidate est très vite accusée d'être au sein du PS « *la tête de pont majoritaire* » dans une terre rocardienne, « *le pion* » de M. Louis Mermaz, son voisin de circonscription, qui contrôle la fédération de l'Isère, contre les amis dauphinois de M. Michel Rocard, dont M. Hubert Dubedout, maire de Grenoble. Dernière humiliation pour le courant C du PS : la fédération désigne un proche de M. Mermaz, M. Maurice Rival, vice-président du conseil général et maire de Chirens, comme suppléant.

Parachutage

Mme Halimi s'évertue en vain à expliquer qu'elle ignore ces batailles de tendances qui lui paraissent dépassées. Elle n'est pas membre du parti socialiste, mais de « *la gauche victorieuse du 10 mai* », militante du changement tous azimuts, après avoir été militante pour les femmes.

Elle a beau dire, jurer de la pureté de ses intentions, elle a beau promettre à Voiron la honte d'« *un député de droite sous un régime de gauche* », les militants s'en tiennent à leur chagrin et à leur rancœur. Les amis de M. Pillet la contrent dans les réunions publiques ou dans la rue, avec des phrases débordantes d'allusions.

Oui, l'histoire d'amour commence par des quiproquos. En ces premiers jours de campagne, la présidente de Choisir, se sent bien seule. Les socialistes locaux boudent sa permanence. Deux étudiants dirigent sa campagne, avec son mari, M. Claude Faux. Deux de ses enfants collent des affiches. Une poignée de militantes parisiennes de Choisir déploient des trésors de bonne volonté et d'inexpérience. MM. Michel Rocard – « *pourtant un ami de longue date* » – et Jean-Pierre Cot, se sont fait excuser.

Mme Halimi tâtonne. Elle aimerait, c'est visible, glisser au ras de la circonscription, se faire aimer dès la première rencontre, en toute simplicité. Mais les notables qui la guident sont flattés de côtoyer une star de la gauche. Elle s'empêtre, une rose à la main, dans des civilités onctueuses qui la renvoient à son piédestal. Son suppléant en fait plus qu'il n'en faut dans le duo éculé de Quasimodo et d'Esmeralda. « *Je ne suis que le petit maire d'une petite commune* », répète-t-il, d'une réunion à l'autre. Elle, « *C'est une grande dame de réputation mondiale* ». Sous-entendu : la circonscription a bien de la chance.

Mme Halimi n'est pas encore une bonne candidate. Elle fait front, bien sûr. Il y va de l'honneur des femmes. Elle s'appuie sur son charme et son intelligence, mais ressemble encore à une égarée, tombée du train de nuit pour Paris, dans une campagne inconnue. Elle commet des erreurs de débutante au bal de la démagogie électorale. Elle en fait trop, ou pas assez. Elle parle du saint-marcellin, comme si elle n'avait jamais mangé d'autres fromages, et qualifie de « *merveilleux paysage* » un horizon dont elle ignore les rigueurs hivernales. Trop indécise sur le tracé de la future autoroute Grenoble-Valence, médiocre sur les difficultés de la noix, passable sur le textile. Elle s'essouffle en promesses vagues. « *Je vous demande de me faire confiance.* » De toute évidence, son public attend d'autres preuves.

Et puis, comme prévu, sa fibre féministe est plutôt malmenée. À l'heure de l'apéro, un maire de village à la face rubiconde, s'excuse parce que sa « *bourgeoise* » l'attend pour la soupe. Samedi soir, d'autres notables, l'œil allumé, entraînent leur « *copine Gisèle* » au bal des pompiers de Vinay.

Cela ne s'arrange pas le lendemain. La candidate doit se montrer à la fête votive de Tullins. Les socialistes locaux tiennent à lui présenter épouses, timides et chargées d'enfants. À leur place, toujours à deux pas derrière les hommes. Phrases terribles. « *Viens, approche ! N'aie pas peur. Gisèle ne va pas te manger. Hein, Gisèle que tu vas pas la manger ?* »

Pour le reste, nous ne sourirons plus. Parce que Mme Halimi, « *partie de moins zéro* », comme le dit l'un de ses proches, gagne un peu plus chaque jour son bâton de pèlerin. Parce qu'il est agréable de la voir surmonter peu à peu les obstacles, et qu'elle trouve d'autres armes que le rappel de ses combats passés. Depuis le lundi de Pentecôte, la candidate du PS est en hausse à la bourse des pronostics, alors qu'on ne pariait pas, dans la circonscription, sur une victoire facile, malgré une bonne implantation socialiste et une avance confortable de M. François Mitterrand en mai (53 %).

La mauvaise humeur militante ne résiste pas à la « *dynamique du 10 mai* ». Peu à peu, les rocardiens rejoignent la campagne. Mme Halimi draine aussi une forte curiosité populaire. Les électeurs, dans les réunions publiques, abandonnent le test des questions locales pour débattre avec elle des sujets d'espérance générale.

À Serre-Nerpol, village de 260 habitants, quarante personnes sont venues l'écouter, à 10 heures du matin, dans l'arrière-salle de la mairie. Quelques vieilles femmes, groupées autour d'un poêle qui a dû les voir naître, le fichu jeté sur l'épaule, présentent le visage fermé de celles à qui on ne la fait pas au baratin. Elles restent de marbre quand la candidate évoque « *les damnés de la terre* », à propos des difficultés de l'agriculture. Mais elles acquiescent longuement lorsque Mme Halimi parle de « *la condition des épouses à la ferme* ». Conquises. La « *copine Gisèle* » est dans le ton.

Elle bénéficie, enfin, d'un autre atout de poids. Le plus efficace, peut-être, malgré son talent, à elle. Elle se présente partout avec Guy Bedos. Son « *Garde du cœur* », dit-il. Le métèque en colère, ami de longue date, que la victoire du 10 mai a mis en chômage technique. « *Je ne sais pas si j'ai travaillé pour Mitterrand,* explique-t-il, *mais je sais que j'ai beaucoup travaillé contre Giscard.* »

13 juin 1981, Philippe BOGGIO

Élections législatives, 2e tour – 21 juin 1981
Mme Halimi : une voix féministe à l'Assemblée

Me Gisèle Halimi, présidente de Choisir, élue avec le soutien du PS, dans l'Isère : « *Mon élection ne représente pas l'entrée d'une femme de plus à l'Assemblée nationale, mais l'arrivée d'une voix féministe, ce qui est nouveau. J'ai ressenti, tout au long de la campagne, une espèce de joie retrouvée pour les femmes bâillonnées. Il n'y aura pas de véritable démocratie si une moitié du ciel continue d'être la servante de l'autre.* »

Mme Gisèle Halimi est née le 27 juillet 1927 à La Goulette (Tunisie). Après des études au lycée de jeunes filles de Tunis, à la faculté de droit et des lettres de Paris et à l'Institut d'études politiques de Paris, elle devient avocat, défend le FLN, les écrivains Jean-Paul Sartre et Simone de Beauvoir. En 1971, elle fonde avec cette dernière et Jean Rostand le mouvement Choisir dont elle est coprésidente. Mme Halimi est, depuis de nombreuses années, l'une des principales avocates de la cause des femmes, qu'elle a notamment défendue dans des affaires d'interruption de grossesse, de viol et de discrimination sexiste.

23 juin 1981

ENA
SCI. PO
Catherine Beaunez

IV – LES FEMMES DE FRANÇOIS MITTERRAND

Yvette Roudy à la Condition féminine, Martine Aubry première femme ministre du Travail, Édith Cresson premier ministre, Élisabeth Guigou, Ségolène Royal, Frédérique Bredin... Durant les deux septennats de François Mitterrand, les équipes gouvernementales se féminisent. Pour la plupart, les « femmes » de Mitterrand sont de brillantes énarques repérées dans les cabinets ministériels ou des fidèles, comme Édith Cresson. Ailleurs, dans les assemblées locales comme à l'Assemblée nationale (26 députées en 1981, 34 en 1986, 33 en 1988), la représentation des femmes n'évolue guère. Le Conseil constitutionnel censure le quota de 25 % de candidates aux municipales, voté en 1982. Les femmes de gauche et de droite se rebiffent.

Un ministère aux droits des femmes (gouvernement Pierre Mauroy)

For men only

Mme Yvette Roudy (socialiste), présidente de la commission *ad hoc* du Parlement européen sur les droits des femmes, a réagi à l'annonce de la composition de la nouvelle commission européenne en estimant qu'il continuera de s'agir d'un club fermé *for men only*. On se prive ainsi de l'indispensable et complémentaire regard que les femmes auraient pu porter sur les choses de la vie. Mme Roudy, et d'autres parlementaires, ont demandé à plusieurs reprises, lors de débats en plénière et en commission, que la nouvelle commission comprenne parmi ses membres au moins une femme. Certaines parlementaires en demandaient au moins trois ou plus...

22-23 février 1981

PORTRAIT

Mme Yvette Roudy [1], ministre délégué auprès du premier ministre pour les Droits de la femme (gouvernement Pierre Mauroy, 22 mai 1981) Les deux combats

Mme Yvette Roudy dit volontiers que les autodidactes d'origine populaire ne sont pas assez nombreux au parti socialiste. Elle pense de même, et depuis longtemps, que la place faite aux femmes dans la vie sociale et politique est insuffisante, source et signe d'inégalité. Cette double préoccupation a animé dès l'origine – et bien avant l'émergence du féminisme en France – la carrière politique de Mme Roudy née dans une famille très modeste de la Gironde – son père, dès l'âge de douze ans travaillait aux forges du Boucau, tandis que sa mère était « placée » dans la bourgeoisie bordelaise, – elle dut travailler à partir de l'âge de treize ans comme dactylo. Après son mariage et un séjour de trois années en Grande-Bretagne, elle obtient, de retour en France, des travaux de traduction.

C'est en 1963 que Mme Colette Audry lui confie la traduction du livre *The Feminine Mystique (la Femme mystifiée)*, de la féministe américaine Betty Friedan. Ainsi s'éveillera définitivement

1. Yvette Roudy (PS) est aujourd'hui députée du Calvados. (Note de l'éditeur.)

sa conscience féministe. Dès 1965, elle participe, avec Mmes Audry et Marie-Thérèse Eyquem, au sein du Mouvement démocratique féminin, au « *combat socialiste* » qu'elle ne dissociera plus du « *combat féministe* ». Elle suivra dès lors M. Mitterrand de la Convention des institutions républicaines au parti socialiste, où d'abord désarçonnée par les oppositions de tendances elle fut chargée du secteur national formation aux côtés de M. Pierre Joxe.

Dans les campagnes électorales auxquelles elle participe comme candidate non élue (législatives de 1967 à Meaux, de 1968 à Paris, de 1978 à Lyon, municipales de 1971 à Paris), jusqu'aux élections européennes de 1979 où elle sera élue sur la liste socialiste, elle plaide inlassablement pour les femmes et, à l'intérieur de son parti, pour l'association du combat féminin et du combat socialiste. En 1978, quand sera lancé au sein du PS un courant « femmes », et alors qu'elle occupe le poste de secrétaire nationale à l'action féminine, elle refuse « *un discours féminin spécifique* » qui risque « *d'enfermer les femmes dans un ghetto* » et qualifie de « *régression* » la démarche des initiatrices du courant « femmes ».

Au Parlement européen, elle développera une activité intense pour obtenir, en octobre 1979, la création d'une commission *ad hoc* des droits des femmes dont elle sera élue présidente. Elle sera également à l'origine, en novembre 1980, d'une proposition – adoptée par le Parlement de Strasbourg – demandant aux États membres de « *surseoir aux exécutions capitales* ».

24-25 mai 1981

Globalement, une décennie décevante

Des municipales pour hommes ?
par Gisèle Halimi, présidente de Choisir, député de l'Isère (appartenance PS)

C'était promis, proclamé, juré. Les élections municipales devaient – par la loi d'abord, par le choix ensuite – permettre une réelle participation des femmes : 30 % sur les listes. Le parti socialiste s'enorgueillit, à juste titre, que ses listes (et ses élus au Parlement européen) comportent ce quota et que, dans ses instances, tout soit fait – ou presque – pour l'atteindre. Les « cent dix propositions » du candidat Mitterrand énonçaient ce principe.

Le 25 avril 1981, invité par Choisir, entre les deux tours de l'élection présidentielle, le candidat François Mitterrand fut formel[1] : si les femmes lui faisaient confiance, malgré toutes les difficultés – réelles – à vaincre les habitudes de ce fief masculin qu'est la politique électorale, 30 % d'entre elles seraient sur les listes. Le 8 mars 1982, au cours d'une cérémonie-gadget dite Fête des femmes, M. Mitterrand récidiva : oui 30 % des femmes pour les municipales, tout serait fait pour cela. Et, afin que nul (nulle) n'en ignore la très officielle « Lettre » de Matignon[2] annonça, en même temps que le remboursement de l'IVG le 1er septembre et d'autres mesures plus vagues, la présence de 30 % de femmes sur les listes électorales municipales.

Commença alors, sournoise, la bataille des misogynes. À l'Assemblée nationale, comme ailleurs sans doute. « *Un quota, est-ce digne de vous, mesdames ? Ne faut-il pas changer d'abord les mœurs politiques ?* » entendait-on à l'envi. Alibi – ou, disons le mot, hypocrisie.

Dans la complexité de l'analyse féministe, où l'homme n'est pas à éliminer, mais au contraire à libérer de ses chaînes de dominant, les femmes récusent la violence liquidatrice de l'« autre ». Le couple – s'il y a couple, éternel ou éphémère – ne saurait être que l'unité de deux libertés.

Force nous est donc de manier dialectiquement, les mœurs et la loi. Pour atteindre au changement, deviennent alors nécessaires des mesures légales d'autorité. Bourguiba a-t-il attendu l'évolution des mentalités islamiques pour – à peine l'Indépendance de la Tunisie acquise – abolir la polygamie, supprimer la répudiation, instaurer le divorce, populariser la contraception et permettre l'avortement gratuit ? Les mentalités d'abord, la loi ensuite ? Essayez donc de convaincre les syndicats de l'efficacité de cette douce stratégie ! Et dites aux ouvriers que la convention collective reste un objectif violemment futuriste (pour les patrons).

Alibi et hypocrisie encore lorsqu'on évoque la liberté de l'électeur. Quand, dans un rapport de forces donné, le plus fort se réclame de la liberté pour régler « naturellement » ses rapports avec celui (celle) qu'il domine. Il se réfère bien à une loi : la loi de la jungle. Lacordaire disait déjà : « *Entre le faible et le fort, c'est la liberté qui opprime et la loi qui affranchit.* ». Le « laisser-faire, laissez-passer » comme l'expectative indéfinie imposée par le pouvoir – économique, politique, culturel – à ceux, à celles, qui en dépendent sont des mots d'ordre inacceptables. Et d'ail-

1. *Quel président pour les femmes*, par Choisir, Préface de Gisèle Halimi, Gallimard, 1981.
2. Fiche dans *Lettre de Matignon* du 15 mars 1982.

leurs rejetés dans l'histoire par tous les mouvements de libération, qu'ils soient d'indépendance nationale ou de justice sociale.

Mais c'est de tout autre chose – officiellement du moins – qu'il s'agit. Il paraîtrait qu'une loi faisant leur place aux femmes sur les listes municipales serait contraire à la Constitution. À ses principes comme à sa lettre. Débat vieux de quelques années et brillamment exposé dans ces colonnes mêmes [1] – et quasiment résolu – par M. le professeur Georges Vedel, membre du Conseil constitutionnel.

La Constitution, pour ce qui concerne ce problème, c'est un article – l'article 72 – « *Les communes sont des collectivités territoriales qui s'administrent librement par des conseils élus et dans les conditions prévues par la loi* » et deux principes « *fondamentaux reconnus par la loi de la République* » [1] : l'égalité des Français devant le suffrage et la liberté de vote.

Pour satisfaire au premier principe, il suffirait d'indiquer qu'« *aucune liste ne pourrait comporter plus de 70 % de candidats du même sexe* » (ou « devrait comporter 30 % au moins de candidats de sexe différent »). Quant au second principe, il ne serait pas plus transgressé ici que par d'autres règles qui s'imposent à l'électeur. Citons pour mémoire : la condition d'âge, l'inéligibilité de parents au même conseil municipal, l'obligation de résidence, etc. Notre droit électoral positif comporte des limites. Pourquoi celle de présenter – et d'élire – 30 % de femmes est-elle vécue psychologiquement comme insupportable et constitutionnellement comme irréductible ?

Alors, mi-sérieux, mi-rigolards, nos adversaires de lancer : « *Pourquoi pas un quota pour les jeunes, les juifs, les Noirs, les handicapés ?* » Tout simplement et surtout parce que les femmes ne sont pas une catégorie mais toutes les catégories à la fois : elles englobent les jeunes, les juifs, les Noirs, les handicapés. Tout comme l'« autre » presque majorité dominante, les hommes. Les femmes sont une majorité de citoyens – les citoyennes – dotés d'un statut minoritaire.

Mais voilà l'essentiel, les Français ont la mémoire courte. Et particulièrement les majorités politiques : celle d'hier, qui ne bronche guère sauf pour se réjouir de notre incohérence ; et celle d'aujourd'hui, qui se réfugie dans l'inconstitutionnalité.

Qu'ils se souviennent donc, les députés du RPR, de l'UDF, du PS et du PC, qu'ils ont voté le 19 novembre 1980 (comme un seul homme) le projet de Mme Pelletier, alors ministre de la Condition féminine. Score qui ne pardonne pas : pour, 439 voix ; contre, 3.

1. *Le Quota aux élections municipales*, par Georges Vedel, *Le Monde* du 3 février 1979.

Il est vrai que le quota prévu avait été raboté lors d'une deuxième délibération demandée par le gouvernement d'alors et réduit à 20 %. D'où – pardon d'être acculée à la précision – amendement du groupe socialiste, féministe mais toujours respectueux de la Constitution : relever le taux à 30 %. Amendement rejeté.

À ce propos, posons la question. Pourquoi 20 %, 30 % et non pas 50 % pour satisfaire à la logique des proportions ? Réponse : nous n'avons pas choisi la révolution brutale, mais le moyen de donner aux femmes, progressivement, responsabilité et dignité civiques. À chaque élection suffit sa peine et l'avenir nous permettra de faire nos preuves et d'avancer vers la stricte égalité.

Toujours est-il que ce quota – 20 % a bien été voté en première lecture, le 19 novembre 1980. D'autres soucis pour la majorité défunte – la proximité de la campagne présidentielle, notamment – en ont retardé la deuxième lecture. Jusqu'au changement. Reste l'objection dite « pratique ». Où trouver 30 % de femmes ? Je suis choquée par le cynisme (le néocolonialisme, vous savez : « *Nous donnerions bien l'indépendance aux colonies si les indigènes étaient capables de l'assumer...* ») de la question. Et par son anachronisme.

En fait et en moyenne, dans les villes de 9 000 à 30 000 habitants, le taux de participation des femmes varie entre 17,4 % et 20,6 %. Seules les communes de 2 500 à 9 000 habitants n'en comptent que 13 %.

Chacun sait que le mouvement se prouve en marchant. Et les bienfaits de la loi en criant une dynamique qui s'imposerait aux mentalités.

Car est bien cynique celui qui, rentrant le soir chez lui, annonce qu'il est candidat. Et à sa femme, qui aura pris la même décision, répondra : « *Impossible ! qui s'occupera des enfants et de la maison ?* »

J'ai entendu ces mêmes militants déplorer, le soir dans des réunions publiques, qu'un quota se heurterait au refus des femmes. « *Elles n'osent pas.* » Histoire vraie, vécue, et que connaissent bien tous mes collègues députés. Je vous le dis, rien ne ressemble autant à un misogyne de droite qu'un misogyne de gauche.

La boucle est bouclée. Relisons, dans la case départ, les promesses formelles faites en 1981 et 1982 aux femmes.

Silences, atermoiements, engagements, renvoyés *sine die*..., tel est leur sort. Sans doute la plupart des mesures nécessaires (fonds de garantie des pensions alimentaires, congé parental rémunéré, trois cent mille places de crèches, droit prioritaire à la formation et à l'embauche...) impliquent-elles un investissement financier ou un changement des priorités dans l'économie. Mais tel n'est pas le cas d'une loi électorale permettant aux femmes d'accéder à la gestion de leur pays.

La question doit être posée : un ministre des droits des femmes, pour quoi faire ?

Le séminaire de Maisons-Laffitte a répondu : le gouvernement comme toutes les hautes instances du PS ont « oublié » d'évoquer les problèmes de celles qu'on appelait jadis, chez les socialistes, les « *immigrées de l'intérieur* ». « *Que les femmes se taisent dans les assemblées* » disait saint Paul.

Saint François (Mitterrand) tiendrait-il le même langage ? À suivre, dans tous les cas...

27 juillet 1982

La réforme électorale à l'Assemblée nationale
La loi s'appliquera aux villes de plus de 3 500 habitants
Les femmes bénéficieront d'un quota de 25 % sur les listes municipales

Il y aura donc obligatoirement 25 % de femmes sur les listes de candidats aux élections municipales, dans les communes de plus de 3 500 habitants. Ce vote qui résulte d'une proposition du groupe socialiste, apporte une première satisfaction au long combat mené par Mme Halimi, apparentée PS. La promesse faite par M. Mitterrand est donc tenue. L'initiative prise, en janvier 1979, par Mme Monique Pelletier, alors ministre délégué de la Famille et à la Condition féminine, qui instituait un quota de 20 % de femmes dans les villes de plus de 2 500 habitants, a, cette fois, toutes chances d'aboutir. En novembre 1980, le projet de loi, qui avait fait l'objet d'une seule lecture devant l'Assemblée nationale, était resté en panne, pour cause de campagne présidentielle. Le réformisme féministe du précédent septennat s'était manifesté un peu tard...

En près de deux ans, les femmes n'auront perdu que 5 % de représentativité : le 20 novembre 1980, les députés avaient, en effet, adopté un sous-amendement du groupe socialiste fixant le seuil à 30 %. Mais le gouvernement avait obtenu, après une seconde délibération, sa suppression. L'institution de ce quota peut être considérée comme une heureuse décision : en 1977, les femmes ne représentaient que 8,40 % des conseillers municipaux, contre 3,1 % en 1947. À ce rythme, il aurait fallu attendre près d'un siècle pour qu'il y ait autant d'élues que d'élus.

1980-1982 : les arguments des partisans et des adversaires de cette mesure sont strictement identiques. Les premiers invoquent la nécessité de donner aux femmes la place qui leur revient dans la société, et notamment dans la gestion des intérêts collectifs, il y a déséquilibre, il faut donc le rompre parce que l'équilibre ne se réalisera pas naturellement. Les seconds se fondent sur le principe de l'égalité de tous les citoyens devant la loi, principe garanti à la fois par l'article 2 de la Constitution et par l'article 6 de la Déclaration des droits de l'homme et du citoyen, et dénoncent une « discrimination », voire une « ségrégation ». Les premiers oublient un peu vite de s'interroger sur les raisons pour lesquelles les femmes ne peuvent pas prendre et obtenir des responsabilités. Outre les timides propositions que leur font les états-majors politiques – la palme du « féminisme » revient au parti communiste, – n'y a-t-il pas lieu de répondre d'abord par des mesures d'aide appropriées à « l'inégalité naturelle » que constitue, pour les femmes, le fait de porter et d'élever des enfants ? Les crèches et autres systèmes de garde, le travail à temps partiel, les horaires variables, l'aménagement du temps de travail, sont des réponses aussi valables que l'institution de quotas. Mais qui, évidemment, coûtent plus cher à l'État. On peut, c'est vrai, estimer que les deux démarches doivent être concomitantes.

Les adversaires de cette décision, de leur côté, font semblant d'ignorer que la loi multiplie les atteintes au principe d'égalité. Toute mesure qui accorde des avantages à telle ou telle catégorie sociale spécifique peut apparaître comme méconnaissant le principe. Le mécanisme de progressivité de l'impôt en est un exemple.

Il n'empêche : on crée une sorte de précédent. Si les « hommes » (au sens général du terme) doivent être égaux devant la loi, certains (les femmes) ne peuvent pas l'être plus que d'autres. Les arguments ou les arguties juridiques sont de peu de poids – même s'ils apparaissent plus tard fondés – en face d'un problème qui, selon certains, relève de l'éthique. Des quotas ? Fort bien. Pourquoi ne pas imposer une représentativité des handicapés ou des jeunes ? On n'ose multiplier les exemples...

Le Conseil constitutionnel, s'il est saisi, apportera une réponse quant à la constitutionnalité de cette mesure. Mais on croit savoir qu'il sera difficile de trouver soixante députés ou soixante sénateurs pour déposer un recours devant la haute juridiction. Et pour cause, chacun sait que le poids de l'électorat féminin est déterminant dans n'importe quelle élection. Qui prendra le risque de mécontenter un électorat présumé favorable à l'institution de ce quota ? Dès lors, il serait de la responsabilité du président de la République, ou du président du Sénat, ou du président de l'Assemblée nationale, ou du premier ministre, de saisir les juges constitutionnels. Parce qu'il faut – au moins – que leur réponse soit connue.

M. Defferre, au cours du débat, a pris toutes les garanties pour limiter les effets d'une décision d'inconstitutionnalité. C'est la prudence même. Mais s'en remettre à la « sagesse » de l'Assemblée, ce n'est pas toujours, de la part d'un gouvernement, une preuve de courage politique.

29 juillet 1982, Laurent ZECCHINI

Quota de femmes

M. Alain Richard (PS, Val-d'Oise) défend un amendement du groupe socialiste ainsi rédigé : « *Les listes de candidats ne peuvent comporter plus de 75 % de personnes de même sexe. Cette proportion s'apprécie au sein de l'ensemble de la liste.* »

M. Defferre déclare que, du point de vue du gouvernement, c'est aux formations politiques de prendre des initiatives pour favoriser la présentation des candidates sur les listes. Le ministre de l'Intérieur souhaite que la proposition du groupe socialiste prenne la forme d'un article additionnel, « *de façon que, si le Conseil constitutionnel venait à l'annuler, cela n'entraîne pas l'annulation de la loi* ».

Un large débat s'engage sur cette disposition. Les députés socialistes et communistes réitèrent les arguments en faveur de l'instauration d'un tel quota. M. Brocard (UDF, Savoie) parle de son côté de « *ségrégation* », ainsi que M. Foyer, pour qui cette disposition institue « *une règle discriminatoire* » dont le but est « *un objectif politique, publicitaire et électoral* ». Au nom du groupe UDF, M. Clément s'y déclare favorable.

Après avoir repoussé un sous-amendement de M. Noir, substituant le chiffre de 70 % à celui de 75 %, l'Assemblée adopte un sous-amendement présenté par M. Richard prévoyant que la proportion de femmes s'apprécie non seulement au sein de l'ensemble de la liste, mais aussi « *au sein de chaque groupe entier de douze candidats dans l'ordre de présentation de la liste* ». Cette disposition répond au souci d'assurer effectivement des sièges aux candidates.

L'amendement du groupe socialiste est adopté par 476 voix contre 4 sur 483 votants et 480 suffrages exprimés. Les groupes socialistes et communistes se sont prononcés pour. 81 députés RPR sur 88 se sont prononcés pour. MM. Couve de Murville, Foyer et Messmer ont voté contre ; MM. Charles, Debré et Labbé se sont abstenus volontairement ; M. Sauvaigo était excusé. 59 députés UDF ont voté pour (sur 63) M. Brocard a voté contre ; MM. Madelin et Millon, ainsi que Mme Moreau, n'ont pas participé au scrutin.

La séance est levée, mercredi 28 juillet, à 1 h 35, la suite du débat étant renvoyée à 9 h 30.

La guerre des sexes continue

Les députés, tous sexes confondus, ont, en définitive, aux petites heures du 28 juillet, sauvé l'honneur du « machisme ». Grâce à eux, les hommes auront désormais 25 % de places réservées sur les listes de candidats aux élections municipales. N'est-ce pas ainsi que l'on peut lire l'article voté par 476 députés, se croyant devenus subitement féministes, et qui dispose que « *les listes de candidats ne peuvent comporter que 75 % de personnes du même sexe* » ? Les féministes ont donc encore une bataille à livrer : contre cette nouvelle limitation sexiste de leur quota.

29 juillet 1982, André PASSERON

Pas de quota par sexe dans la loi électorale

Regrets et engagements après la décision du Conseil constitutionnel d'annuler le quota de 25 % de femmes aux élections municipales

Les parlementaires avaient à la presque unanimité passé outre aux arguments d'inconstitutionnalité que pouvait soulever l'instauration d'un quota « sexiste » dans la loi. Malgré l'espoir qu'il avait formulé, M. Gantier, député UDF, de Paris, n'avait pas trouvé neuf de ses collègues pour saisir le conseil constitutionnel de cette disposition « *absurde* ». Les députés de l'opposition s'étaient décidés à faire appel avec neuf sages, mais en se gardant bien d'attirer leur attention sur ce point particulier. Ils avaient préféré le calcul de répartition des sièges.

D'ordinaire, les membres du Conseil constitutionnel examinent les dispositions particulières signalées par les auteurs de la saisine sans trop se préoccuper des autres. Pour la première fois, le Conseil a soulevé d'office un point qui n'était pas contesté mais sur lequel les parlementaires et le gouvernement avaient quelques doutes. M. Defferre lui-même avait souhaité que l'introduction de ce quota prenne la forme d'un article additionnel « *de façon que si le Conseil constitutionnel venait à l'annuler, cela n'entraîne pas l'annulation de la loi* ».

Mme Yvette Roudy, ministre des Droits de la femme, déclare au lendemain de la décision de la haute juridiction n'en être pas « *du tout surprise* ».

Reste que cette initiative n'est guère appréciée. Mme Pelletier (UDF), ancien ministre de la Condition féminine, la « *regrette profondément* ». M. Quilès (PS), député de Paris, le « *déplore* »... Pour Mme Moreau, membre du bureau politique du PCF, « *le Conseil constitutionnel fait à nouveau la démonstration de son irréductible esprit réactionnaire.* »

M. Alain Richard (PS, Val-d'Oise) observe : « *Le Conseil s'est fondé sur le principe d'égalité d'accès aux charges publiques et sur le libre droit de vote des nationaux des deux sexes. En droit, il avait parfaitement la possibilité d'apprécier que ces deux principes justifiaient une mesure tendant à empêcher l'exclusivité de représentation des citoyens par des élus d'un seul sexe. Il a tenu un raisonnement opposé. Quand on peut tenir sur la même question deux argumentations juridiques opposées, le choix que l'on fait entre les deux est un choix politique.* »

En l'absence de disposition contraignante, restent les engagements : foi de M. Toubon, le RPR, se donnera sa propre règle pour qu'il y ait « *un nombre suffisant de femmes* », foi de M. Quilès, les socialistes, à l'origine des dispositions rejetées, « *resteront fidèles à leur engagement* » ; foi de Mme Moreau, le PC, dont 30 des élus municipaux sont des femmes, « *continuera à accroître* » cette proportion ; foi de Mme Pelletier, les candidats « *tiendront compte de la volonté de l'électorat féminin en accueillant au moins 25 % de femmes sur leurs listes* ».

Les considérants et la décision

Saisi le 23 octobre par plus de soixante députés RPR et UDF, le Conseil constitutionnel a examiné, jeudi 18 novembre, la conformité de la Constitution du texte de la loi modifiant le code électoral et le code des communes, et relative à l'élection des conseillers municipaux et aux conditions d'inscription des Français établis hors de France sur les listes électorales.

Contrairement aux auteurs de la saisine, selon lesquels « *le fait que le nombre des sièges attribués à la liste venant en tête soit égal à la moitié des sièges à pourvoir, arrondi, lorsqu'il s'agit d'un nombre impair, au chiffre inférieur quand il y a moins de quatre sièges à pourvoir et au chiffre supérieur quand il y en a plus, serait contraire au principe d'égalité* », le Conseil constitutionnel a observé : « *Aucun principe de valeur constitutionnelle n'impose que la règle appliquée soit identique quel que soit le nombre total des sièges à pourvoir, mais le principe d'égalité exige seulement que la même règle soit appliquée à chaque fois que le nombre de sièges à répartir est le même.* »

Pour l'introduction dans la loi d'un quota limitant à 75 % la proportion de candidats du même sexe sur une liste, le Conseil s'est référé à l'article 3 de la Constitution [1] et à l'article 6 de la

1. « *La souveraineté nationale appartient au peuple qui l'exerce par ses représentants et par la voie du référendum.*
« *Aucune section du peuple ni aucun individu ne peut s'en attribuer l'exercice.*
« *Le suffrage peut être direct ou indirect dans les conditions prévues par la Constitution. Il est toujours universel, égal et secret.*
« *Sont électeurs, dans les conditions déterminées par la loi, tous les nationaux français majeurs des deux sexes, jouissant de leurs droits civils et politiques.* »

Déclaration des droits de l'homme et du citoyen [1]. Il a considéré que « *du rapprochement de ces deux textes, il résulte que la qualité de citoyen ouvre le droit de vote et l'éligibilité dans des conditions identiques à tous ceux qui n'en sont pas exclus pour une raison d'âge, d'incapacité ou de nationalité, ou pour une raison tendant à préserver la liberté de l'électeur ou l'indépendance de l'élu* », les principes, note-t-il, « *s'opposent à toute division par catégories des électeurs ou des éligibles* ».

En conséquence, le Conseil constitutionnel a déclaré contraire à la Constitution la disposition de la loi comportant la règle qui, pour l'établissement des listes soumises aux électeurs, comporte une distinction entre candidats en raison de leur sexe.

21-22 novembre 1982

Mme Halimi se démet de son mandat de député socialiste de l'Isère

Mme Halimi député de l'Isère, apparentée au groupe socialiste à l'Assemblée nationale, doit annoncer dimanche 9 septembre, à Voiron, qu'elle quittera définitivement sa circonscription. Nommée il y a six mois chargée de mission auprès du ministre des Relations extérieures, M. Claude Cheysson, Mme Halimi se verrait proposer de nouvelles fonctions. Son suppléant, M. Maurice Rival, conseiller général du canton de Chirens, la remplacera comme député de la quatrième circonscription.

Les relations entre Mme Halimi et sa circonscription ne furent jamais faciles ni simples. « Parachutée » à Voiron quelques jours seulement avant les élections législatives de juin 1981 par la direction nationale du Parti socialiste à la suite du brutal décès du député sortant Jacques-Antoine Gau (PS), l'avocate parisienne eut quelques difficultés à mobiliser autour d'elle les militants socialistes. En dépit d'une courte campagne, la présidente du mouvement Choisir obtenait toutefois au deuxième tour 53,04 % des suffrages.

12 septembre 1984

1. « *(...) tous les citoyens étant égaux* [aux yeux de la loi], *sont également admissibles à toutes dignités, places et emplois publics, selon leur capacité, et sans autre distinction que celles de leurs vertus et de leurs talents.* »

Et les femmes ?

L'institution de la représentation proportionnelle à l'Assemblée nationale, aux assemblées régionales et aux conseils municipaux figure à la quarante-septième place des cent dix propositions du candidat François Mitterrand. Cette promesse est assortie d'une autre : « *chaque liste comportera au moins 30 % de femmes* ». Le gouvernement a pris en compte la première partie de l'engagement. Il ne semble pas s'être soucié de la seconde.

25 avril 1985

Les femmes socialistes se rebiffent !

La contestation de l'accord politique conclu le 6 juillet entre les courants du PS pour la constitution des listes législatives, s'étend sur un nouveau front, celui des femmes. Aux premiers mouvements de mauvaise humeur de Mme Yvette Roudy, ministre des Droits de la femme, avait succédé une apparente accalmie qui n'était, en fait, qu'un calme trompeur.

Quatre femmes membres du gouvernement, Mme Georgina Dufoix, porte-parole du gouvernement et ministre des Affaires sociales, Édith Cresson, ministre du Commerce extérieur et du redéploiement industriel, Edwige Avice, secrétaire d'État à la Défense, et Catherine Lalumière, secrétaire d'État chargée des Affaires européennes, ont été sollicitées pour être, jeudi 18 juillet, les premières signataires d'une pétition imaginée par Mme Avice, qui réclame une place d'éligible pour Mme Roudy. Cette pétition devait être remise à la secrétaire nationale à la lutte des femmes du PS, Mme Martine Buron, puis circuler dans les fédérations, par l'intermédiaire de chaque secrétariat fédéral aux luttes des femmes. C'est en effet « *en tant que militantes* » que les quatre ministres et secrétaires d'État pourraient s'associer à cette initiative.

D'autre part, une quarantaine de femmes, « *militantes socialistes et responsables d'associations* » du 14e arrondissement de Paris, ont manifesté leur « *profond désaccord* » en adressant à la direction nationale du PS une motion demandant un « *réexamen* » des listes « *dans le sens d'une plus grande équité* ». Elles souhaitent que « *tous ceux et toutes celles qui* [sont] *soucieux de la place des femmes dans la société* » s'associent à cet appel, déjà repris à leur compte, affirment-elles, par des femmes socialistes de province, dont plusieurs membres du comité directeur du PS.

(...) Les signataires de l'« appel des quarante » ont fait part de leur « *profond mécontentement* » au premier ministre. Elles ont également rappelé par lettre au président de la République de la quarante-septième proposition du candidat Mitterrand en 1981, qui prévoyait « *au moins 30 % de femmes* » sur les diverses listes électorales.

Ces manifestations publiques font suite, affirme-t-on au ministère des Droits de la femme, à de nombreuses initiatives spontanées allant dans le même sens.

Difficultés d'application

Avant même ce regain de mécontentement chez les femmes socialistes, il apparaissait évident que l'accord-cadre du 6 juillet n'avait pas réglé une fois pour toutes la question des listes électorales. Outre les difficultés d'application sur le terrain, l'accord laissait un certain nombre de cas en suspens, notamment pour les éligibles du courant A (mitterrandiste).

Compte tenu de ces diverses incertitudes, et d'après nos estimations, il semble que – sous réserve évidemment de l'approbation des militants, – les choix faits aient des chances d'être définitifs dans au moins 57 départements métropolitains. Ces 57 départements représentent 300 sièges. Sur la base de travail retenue par les négociateurs du PS (environ 170 députés), l'actuel parti majoritaire devrait obtenir 85 de ces 300 sièges (il ne s'agit évidemment pas d'un sondage, et la proportion obtenue n'a pas de valeur indicative particulière).

20 juillet 1985, Jean-Louis ANDREANI

La percée des énarques dans les années 1990

PORTRAITS

Martine Aubry [1] : l'autorité des nouveaux

À l'Assemblée nationale, comme dans les salles de classe, il existe une loi mathématique infaillible : le silence dans lequel on écoute un orateur est directement proportionnel au respect qu'on lui porte. À cette aune-là, on peut dire que, mercredi 29 mai à l'Assemblée nationale, les petits « nouveaux » du gouvernement ont diablement impressionné les « anciens ».

C'est, en effet, dans un rare silence que Mme Martine Aubry, ministre du Travail, de l'Emploi et de la Formation professionnelle, et M. Jean-Louis Bianco, ministre des Affaires sociales et

1. Martine Aubry est aujourd'hui maire de Lille. (Note de l'éditeur.)

de l'Intégration, sont intervenus pour la première fois dans l'hémicycle.

Tous deux se sont en plus offert le luxe de parler sans notes d'un sujet qu'ils semblaient parfaitement maîtriser, en pointant parfois un index autoritaire et professoral en direction des bancs de l'opposition qui n'en revenait pas.

(...)

Mme Martine Aubry, qui répondait à une question de M. Alain Juppé (RPR) sur le chômage, d'un ton égal et assuré, a assené de mémoire quelques chiffres dans la première phrase, un bref rappel de la situation économique mondiale dans la seconde, et tracé des perspectives dans la troisième.

Un modèle de discours technocratique dont Mme Aubry ne s'est pas contentée, égratignant – volontairement ? – au passage le nom de M. Juppé, comme si elle ne l'avait vraiment jamais entendu, et mouchant un député de l'opposition qui croyait pouvoir opposer à cette énarque la réalité des entreprises et qui s'est vu répondre sèchement par celle qui fut aussi membre de l'état-major de Pechiney : « *Je viens d'une entreprise et je sais ce que c'est, merci !* » Le tout sous le regard sincèrement admiratif de M. Philippe Séguin (RPR), qui ne semblait pas trop surpris de l'assurance déployée par son ancien directeur des relations du travail lorsqu'il occupait lui-même, de 1986 à 1988, les fonctions de ministre des Affaires sociales et de l'Emploi.

31 mai 1991, Pascale ROBERT DIARD

La morale d'une femme d'action

Une petite heure de télévision, et voilà qui est fait. Martine Aubry, ministre du Travail, a si bien occupé l'écran qu'il n'en faut plus douter : une étoile de la politique est née. Une vraie personnalité s'est affirmée devant des millions de personnes, avec une telle présence, une si évidente capacité à diffuser de l'intelligence et de la volonté que cela faisait comme une rupture avec un ordinaire plutôt nauséeux.

En ces temps où les petites phrases, les petits abandons, les petits calculs tiennent trop souvent lieu de discours et de programme, cette jeune femme a réussi, à « 7 sur 7 », à prendre tout son monde à contre-pied sur le poujadisme ou la molle désespérance ambiants. Le message est passé, clair, en permanence réaffirmé : un seul but, l'action ; un seul credo, la morale de l'action ; un seul et noble moyen, la politique.

Encore faut-il être capable de faire passer un tel message. C'est-à-dire le fonder sur de réelles convictions et non sur l'artifice des mots et des discours. Martine Aubry, peut-être au bénéfice de son appartenance à une nouvelle génération, n'a pas un seul instant, face à Anne Sinclair, donné le sentiment que son propos était calcul ou simulacre. Il était celui d'une battante, d'une femme d'action, faisant irruption sur la scène télévisuelle, pour dire clairement des choses simples. Que la morosité est caprice d'inactif. Que l'action seule compte. Qu'une société d'assistance est une erreur et une société d'intolérance et d'exclusion une folie. Qu'il faudrait tellement peu de chose pour que les Français se mobilisent sur l'essentiel : le chômage, l'éducation, la démocratie. Que si l'on est à gauche, et elle l'est, on est à gauche. Que si l'on est à droite ou au centre, on y est aussi et que, heureusement, « *dans tous les camps il reste des démocrates* ». Le reste est affaire de projet commun, ou non.

Martine Aubry, tailleur abricot et œil noisette, n'était pas venue pour séduire, ou faire un numéro médiatique, mais pour dire les choses et prôner les actes. Et cela s'est parfaitement vu.

1er octobre 1991, Pierre GEORGES

Élisabeth Guigou
Le « vivier » de l'Élysée : Élisabeth Guigou, l'ambition d'une technocrate douée

Elle est belle, très belle. Elle est intelligente, très intelligente. Elle est travailleuse, très travailleuse. Elle a eu de la chance, beaucoup de chance. Les fées qui se sont penchées sur le berceau d'Élisabeth, Alexandrine, Marie Vallier, le 6 août 1946, dans le foyer d'un petit patron en conserverie de Marrakech, n'ont pas lésiné sur les présents. Elles ne doivent pas le regretter, car rarement filleule a su faire fructifier si habilement ses dons de naissance, et cela simplement parce qu'elle y a ajouté l'ambition, une grande ambition. Une ambition telle que la petite pied-noir, devenue Élisabeth Guigou, reconnaît que son tout nouveau poste de ministre délégué aux Affaires européennes [1] n'est qu'une étape dans une carrière dont elle ne voit pas la fin. La politique est un délicieux poison pour cette femme qui n'a pas oublié le traumatisme que furent, pour les jeunes Marocaines de son âge, les événements d'Algérie.

Curieuse petite fille qui à treize ans s'était juré que « *plus jamais [elle] n'accepterai[t] de ne pas saisir le pourquoi, le comment de ce [qu'elle était] en train de vivre* ». Et qui a tenu son pari.

1. Élisabeth Guigou est aujourd'hui ministre de l'Emploi et de la Solidarité. (Note de l'éditeur.)

Terrible adolescente qui, sous prétexte que ses parents refusaient de l'envoyer dans un Paris aussi éloigné que lointain préparer Sciences-Po et l'ENA de ses rêves, s'offrit deux ans de vacances en préparant la licence la plus facile pour elle : celle d'anglais, ne doutant pas que ses capacités lui permettraient de rattraper le temps perdu. Et qui y parvint.

Premiers galons

Étonnante jeune femme, qui ne semble tendue que par sa seule volonté, mais qui se laisse conduire par son mari, Jean-Louis Guigou, dans l'engagement politique. D'abord à la Convention des institutions républicaines, simplement parce que Charles Hernu est venu en parler à l'université de Montpellier. Puis, au lendemain de la déception de 1968, au PSU, une fois que le couple est monté à Paris, les portes de l'ENA s'étant ouvertes, parce qu'un de leurs amis en était un ardent propagandiste. Mais la palabre, le fractionnisme, la surenchère verbale ne sont pas du goût d'une jeune haut fonctionnaire qui commence à découvrir les vertus des chiffres et la rigueur des lois de l'économie.

Comme tant d'autres, elle rejoint alors le PS de François Mitterrand. Son court passé de militante, sa récente passion pour les vertus de la technocratie ne pouvaient que la conduire, comme son mari, dans les rangs du rocardisme. Elle en fut, mais avec discrétion, dit-elle ; aujourd'hui, elle est manifestement ravie qu'un passage comme conseiller financier à l'ambassade de Londres l'ait empêchée de participer de près aux batailles du congrès de Metz. Au congrès de Rennes, elle a refusé de prendre position : « *Les débats entre courants sont de plus en plus stériles, de plus en plus stérilisants, dit-elle. Le parti gagnerait à concentrer son énergie sur des discussions de fond.* »

Exigeante jeune technocrate, elle n'a pas gagné, comme tant d'autres de ses condisciples de l'énarchie, les sphères du pouvoir de l'après-10 mai par opportunisme. Elle n'y a pas été non plus propulsée en remerciement de ses longues années de militantisme, comme tant d'autres de ses « camarades » du PS. Elle ne veut parvenir au sommet que grâce à ses seules compétences professionnelles. Et elle y parvient.

L'image professionnelle

Sa beauté la sert. « *Dans un milieu d'hommes, l'important, c'est de se faire remarquer. Une jolie femme est ainsi avantagée.* » Que pour cette raison François Mitterrand l'ait vite repérée, après qu'Hubert Védrine, son camarade de l'ENA, l'eut arrachée au cabinet de Jacques Delors pour lui faire confier les relations monétaires internationales à l'Élysée, nul ne peut en douter. Mais ce sont ses propres capacités, sa volonté farouche qui lui ont permis d'être choisie, à la veille de la cohabitation Mitterrand-

Chirac, pour une mission délicate et de confiance, le secrétariat général du comité interministériel pour les questions économiques européennes.

Cette technicienne, qui a toujours considéré que les fonctionnaires, aptes à prendre des responsabilités, faisaient eux aussi de la politique, au vrai sens du terme, est cette fois directement dans le bain. Elle dirige un service dépendant de Jacques Chirac, et sert de « sonnette d'alarme » à François Mitterrand. Elle y réussit à merveille, servant son maître sans trahir son patron administratif. Grâce à elle, pendant cette période délicate, la France peut parler d'une seule voix à Bruxelles.

Ses premiers galons, Élisabeth Guigou les avait gagnés pendant la cohabitation. Elle en a accru le nombre lorsque, avec ses amis de l'ENA, Hubert Védrine, Pascal Lamy, directeur de cabinet de Jacques Delors, et Joachim Bitterlich, conseiller d'Helmut Kohl, elle fit de la présidence française de la communauté européenne, au deuxième semestre de 1989, un succès et qu'elle fut appréciée par tous en présidant un comité de hauts fonctionnaires chargé de préparer la négociation sur l'union économique et monétaire.

Dès la formation du premier gouvernement Rocard, François Mitterrand lui avait fait comprendre qu'elle aurait peut-être, un jour, à sauter le pas. Ce fut fait lors du remaniement du 2 octobre 1990. Élisabeth Guigou ne regrette pas d'être restée « Mme Europe », parce que « *le métier est bien différent* » et que le sujet est passionnant puisqu'il engage l'avenir. Sans parler de l'émotion ressentie lorsque, dès le lendemain de sa transformation en ministre, elle pénétra dans l'hémicycle du Palais-Bourbon pour répondre à une question d'actualité.

Au feu des médias elle s'était progressivement habituée en jouant, à l'Élysée, un rôle de plus en plus exposé. Mais cette femme qui, dans le *Who's Who*, se refuse à indiquer ses loisirs et ses distractions voudrait n'avoir à vendre que « son image professionnelle ».

Paradoxale jeune femme. Elle arbore, avec un malin plaisir, des tenues provocantes, mais sa froideur est une solide carapace. Les apparences sont trompeuses. C'est une pudibonde. Si elle accepte de faire la « *cover* » de *Contemporaine,* après Catherine Nay, c'est parce que son intelligence l'a conduite à accepter certaines des règles de « *l'État spectacle* ».

Son ambition, si elle décide de continuer à l'assouvir dans la politique, la conduira à bien d'autres sacrifices, surtout si elle brigue un jour un mandat électif. Pour l'instant, elle assure ne pas avoir pris sa décision : « *Je ne récuse pas cette possibilité.*

J'y pense. Je m'interroge. »[1] Pour l'heure, elle s'est fixé des objectifs ambitieux : faire pénétrer la France dans les pays de l'Europe centrale et orientale ; faire progresser la construction de la Communauté européenne en échappant tout autant « *à l'euro-pessimisme, qui confine au masochisme, qu'à l'euro-optimisme béat* ». Elle y réussit assez bien pour qu'un Européen convaincu comme Jean François-Poncet ait pu la présenter, sans hésiter, comme l'héritière d'Alcide de Gasperi, de Paul-Henri Spaak, de Maurice Faure, de Jacques Delors. Son premier travail est donc de mener à bien les conférences intergouvernementales sur l'union économique et monétaire et sur l'union politique, afin d'en faire ratifier les résultats à la fin de 1992. « *Après, il y aura les législatives de 1993.* » Alors, Élisabeth Guigou voudrait bien ne plus être « Mme Europe ».

« *Inch Allah* », dit-elle. Comme si elle se fixait pour elle-même la règle qu'elle applique à la construction européenne : « *S'assigner un objectif clair et lointain, puis s'accrocher au terrain, non pas l'épouser, comme les pragmatiques, mais en tenir compte pour, intellectuellement et politiquement, progresser.* »

Objectif 1993

Pour Élisabeth Guigou, la croisée des chemins devrait donc se présenter en 1993 : retour à ses premières amours, la très haute administration ; plongeon dans la politique politicienne, donc baptême du feu électoral. Elle n'en a pas vraiment peur, même si elle y met des conditions : pouvoir conserver une vie personnelle et familiale ; échapper « *aux querelles médiocres et aux petits calculs* », dont elle n'a pas oublié qu'ils avaient empêché son mari d'essayer de conquérir, en mars 1989, la mairie d'Avignon. Paradoxe du couple, qui pourrait être douloureux : dans leurs rêves communs, elle faisait une grande carrière dans la haute administration et lui se réservait la politique sur le terrain, cette politique dont il reconnaît dans sa notice au *Who's Who* qu'elle le « passionne ».

(...)

Peut-être le président estimera-t-il aussi qu'il est temps, comme Jean-Louis Bianco, secrétaire général de l'Élysée, de la mettre au service du « nouvel élan » qu'il réclame. L'affiche, en tout cas, serait tentante.

8 mai 1991, Thierry BREHIER

1. Élue députée socialiste en juin 1997, à Avignon (Vaucluse), Mme Guigou est aussitôt nommée garde des Sceaux. Tête de liste PS aux élections municipales à Avignon, en mars 2001, elle a été battue par la maire sortante, Marie-José Roig (RPR). (Note de l'éditeur.)

Ségolène Royal[1], PS (2e circonscription)

Née le 22 septembre 1953, Mme Ségolène Royal est diplômée de sciences économiques, et de l'École nationale d'administration. Mme Royal est conseiller au tribunal administratif de Paris et, depuis septembre 1982, elle est chargée de mission à la présidence de la République aux affaires sociales. Auteur d'un livre intitulé *le Printemps des grands-parents* paru chez Laffont, elle est la compagne de M. François Hollande, élu en Corrèze.

17 juin 1988

Nouveaux élus, nouveaux venus

Ségolène Royal se voyait bien suppléante. D'un député « ministrable », par exemple. Pour apprendre le métier. Le président de la République apprécie, sans doute, la modestie chez ses collaborateurs. Il ne la partage pas pour autant : quand on vient de l'Élysée, on ne doit pas avoir besoin d'autre protection pour affronter les électeurs.

Le samedi 21 mai, la timide chargée de mission s'est entendu dire : « *Il faut que vous voyiez Mermaz.* » Elle n'a pas osé demander pourquoi. De Louis Mermaz, elle a appris, d'abord, qu'elle était candidate aux élections législatives dans la deuxième circonscription des Deux-Sèvres ; ensuite, qu'il ne lui restait que quelques heures pour se présenter à la préfecture de Niort. Comme elle n'avait pas le temps de passer chez elle, le rocardien Alain Richard lui a prêté les 1 000 francs de caution.

Pour la presse locale, Ségolène Royal est devenue le « cadeau » du président de la République aux Deux-Sèvres, voisines de sa Charente natale. Pour l'intéressée, ce n'en était pas vraiment un. Les militants socialistes avaient choisi un autre candidat : et d'une. Le maire de Saint-Maixent, autrefois exclu du PS pour s'être montré trop aimable avec un président de la République nommé Valéry Giscard d'Estaing, était en piste comme candidat de gauche sans étiquette : et de deux. L'adversaire de droite était crédité d'une implantation en béton armé : et de trois. Pressentis avant elle, deux briscards, Christian Goux et Alain Billon, avaient refusé de sauter sur la circonscription, malgré les 58 % des voix obtenues par François Mitterrand le 8 mai...

Que faire, sinon tirer parti de ses handicaps ? Parachutée, oui, mais par le président lui-même. Inconnue : enfin du nouveau ! Venue d'ailleurs, donc étrangère aux intérêts antagonistes des

1. Ségolène Royal est aujourd'hui ministre déléguée à la Famille et à l'Enfance. (Note de l'éditeur.)

trois « pays » que recoupe la circonscription. Femme ? Son adversaire UDF s'est chargé de sa campagne, avec une affiche recommandant aux électeurs, entre les deux tours, de choisir « un HOMME de CHEZ NOUS ». À elle les électrices ! Merci. M. Billard.

À deux pas de l'école de sous-officiers de Saint-Maixent, Ségolène Royal (on ne s'en lasse pas) aurait pu faire état d'un père militaire sorti du rang, qui l'avait fait naître à Dakar, il y a trente-quatre ans, quatrième enfant d'une famille qui allait en compter huit. Elle a préféré parler du monde rural, où elle a passé son enfance, dans un petit village des Vosges. Margot va sourire : après le certificat d'études primaires, c'est le lycée à Épinal, puis la faculté des sciences économiques à Nancy, une bourse de service public pour préparer Sciences-Po, puis l'ENA. Concours réussi, la bonne Lorraine s'inscrit au PS et rencontre Jacques Attali.

La tête chercheuse du président fait travailler Ségolène Royal pour la campagne de 1981, puis l'adopte, à l'Élysée, dans un groupe d'« officieux », avec Jean-Louis Bianco, Pierre Morel et François Hollande. Nommée chargée de mission en 1982, elle s'occupe de problèmes de société, puis, à partir de 1984, des problèmes de la société : santé, Sécurité sociale, famille, immigration, banlieues, environnement. Elle se fait connaître avec un livre, *le Printemps des grands-parents.*

Ségolène Royal attend toujours la visite d'Édith Cresson, qui lui avait promis de traverser la frontière de la Vienne pour venir la soutenir dans sa campagne. Lionel Jospin, en revanche, ne l'avait pas oubliée. Elle s'en souvient, mais cela ne la rend pas « jospinienne ». Sa seule référence, c'est la « génération Mitterrand ». Sous cette bannière, à l'Assemblée, elle entend réunir les mitterrandistes de tous âges. Elle voudrait aussi faire circuler des laboratoires de langues ambulants dans les zones rurales. Ségolène Royal a décidé d'étonner.

6 juillet 1988, Patrick JARREAU

Frédérique Bredin, « bébé requin » devenu grand, quitte la politique

Elle a pris soin de préparer sa sortie. Mercredi 13 septembre, elle a prévenu François Hollande, le premier secrétaire du Parti socialiste, puis Lionel Jospin. Jeudi, elle a informé les militants de Seine-Maritime qu'elle allait *« changer d'activité »*, en leur assurant, comme elle le dit au *Journal de Fécamp*, vendredi, qu'elle *« garde les mêmes motivations, les mêmes idéaux »*. Comme Anne-Marie Couderc, ancienne secrétaire d'État à l'emploi d'Alain Juppé, en 1997, Frédérique Bredin, qui fut ministre de la Jeunesse et des Sports de 1991 à 1993, entre dans le groupe de Jean- Luc Lagardère, nommée directeur de la stratégie et du développement de Lagardère Médias. Ironie du sort, cette fabiusienne a signé, pour le congrès du PS, une contribution, avec Henri Weber, intitulée « Réussir notre passage à la société de l'information ». Elle s'attelle au sien, quittant le courant de Laurent Fabius mais renforçant... le réseau économique du ministre des Finances.

Dans la foulée, celle qui avait été la benjamine de l'Assemblée nationale lors de sa première élection, en 1988, s'est démise de son mandat de députée de Seine-Maritime. Elle avait déjà abandonné celui de conseillère régionale de Haute-Normandie, mais elle reste au conseil municipal de Fécamp, ville dont elle a été maire de 1989 à 1995, se retirant pour cause de cumul des mandats. Elle se défend du moindre dépit, évoquant seulement « *une autre forme d'action* », mais ce départ de la politique d'une quadragénaire – elle aura quarante-quatre ans le 2 novembre –, promise à un avenir plutôt brillant, marque, selon la formule d'un de ses amis fabiusiens, « *une certaine lassitude* ». « *On rencontre, parfois, l'heureux sentiment d'être utile, de vraiment servir les autres* », écrivait-elle, en 1997, dans son livre *Députée journal de bord* (Fayard). Après Philippe Vasseur, qui avait lui aussi choisi d'abandonner son mandat de député (DL) du Pas-de-Calais pour rejoindre la banque, Mme Bredin a visiblement épuisé les charmes de ce combat-là...

L'ancienne ministre ne manque pourtant pas de pugnacité. Déjà, à l'ENA – promotion Voltaire, 1980 –, où elle a comme camarades François Hollande, Michel Sapin, Ségolène Royal et Dominique de Villepin, elle se révèle une battante au point qu'on la surnomme « bébé requin ». Fille de l'avocat Jean-Denis Bredin, membre de l'Académie française, épouse de Jean-Pascal Beaufret, ancien directeur général des Impôts, directeur financier adjoint du groupe Alcatel, elle est inspectrice des finances, puis fait ses classes au cabinet de Jack Lang et à l'Élysée. Elle perd sa circonscription, gagnée à trente et un ans, lors du grand naufrage socialiste aux législatives de 1993, mais la reconquiert dans une élection partielle en décembre 1995.

En juin 1997, M. Jospin lui propose un portefeuille de secrétaire d'État, qu'elle refuse pour briguer la présidence de la commission des lois – qu'elle n'obtient pas. Trois ans plus tard, elle espère que le premier ministre l'appellera pour succéder à Catherine Trautmann au ministère de la Culture. En vain. Il lui préfère Catherine Tasca. Pressentie pour la présidence du Festival de Cannes, elle va vivre sa « *tentation de Venise* » chez Lagardère, avec, peut-être, un espoir de retour en politique. « *Ce n'est pas la politique qui meurt, ce sont les politiques qui dorment* », écrivait-elle dans son journal de bord.

16 septembre 2000, Michel NOBLECOURT

1991, une femme à Matignon... pendant dix mois

PORTRAIT

Mme Édith Cresson : une fidèle du président

« Battante », « courageuse », « activiste », « fougueuse », « petit soldat »... Tous les portraits disent la même femme d'action : Mme Édith Cresson aime aller au feu. La trajectoire de cette fidèle militante, proche de M. François Mitterrand, au sein du Parti socialiste comme au gouvernement, laisse une trace profonde, heurtée, mais tenace. Les débats l'ennuient ; les confrontations théoriques, qu'elles soient politiques ou économiques, la dépassent ; les intrigues d'appareil l'énervent. Les dossiers, les études, les compromis ne sont pas son genre. Elle s'emporte contre les indécis et envoie les « fonctionnaires cloportes » aux pelotes. Mme Cresson n'est pas intellectuelle, subtile, pédagogue. Elle est en marche, d'une pièce, emportée.

Entrée au secrétariat national du PS au congrès de Pau, en février 1975, sur le choix personnel du premier secrétaire, M. Mitterrand, Mme Cresson est une fidèle du député de la Nièvre. Mlle Édith Campion est pourtant née d'une famille « bourgeoise » : père inspecteur des finances, mère au riche foyer, nurse anglaise. Ancienne élève d'HEC jeunes filles, elle épouse M. Jacques Cresson, cadre supérieur du groupe Peugeot, commence par s'engager à droite, mais, fidèle à la tendance paternelle (son père est membre de la SFIO), rejoint la gauche en 1965, à travers la Convention des institutions républicaines de M. Mitterrand.

En octobre 1975, lorsqu'il faut, impromptu, monter à l'assaut de la circonscription de Châtellerault, face à Pierre Abelin, ministre de M. Valéry Giscard d'Estaing, M. Michel Rocard, sollicité parmi d'autres, refuse. Mme Cresson n'hésite pas. L'élection partielle est un test national pour la gauche. Malgré le renfort de tout le PS, qui descend dans la Vienne, ce sera un échec, mais Mme Cresson a dépassé le PCF. Elle s'est fait un nom. Et une attache. La circonscription sera conquise en juin 1981, lors de la « vague rose », et, aux élections municipales de mars 1983, Châtellerault sera la seule grande ville à passer de la droite à la gauche, quand tant d'autres feront le chemin inverse.

Depuis huit ans, madame le maire y déploie, en fin de semaine, sa passion pour les solutions « concrètes ». En 1981, lorsqu'il faut affronter les paysans de la FNSEA au ministère de l'Agriculture, tous les caciques du PS se récusent. À nouveau, Mme Cresson accepte. Ministre « de gauche », elle a le culot de contester le monopole de la FNSEA, provoquant le premier accroc à l'état de grâce. Au conservatisme et à la misogynie des cadres paysans, elle s'oppose avec une brutalité qui lui sera largement rendue par ses interlocuteurs. Elle ne réussit pas à trouver le ton juste, et, en 1983, il faut, pour panser les plaies des campagnes, envoyer... M. Rocard.

À la bonne heure ! Mme Cresson est ministre du Commerce extérieur, poste qui convient à son tempérament. Exporter, n'est-ce pas, un peu, débarquer ? À grand renfort de voyages, la « madone des PME » débarque donc aux États-Unis ou au Japon, avec force patrons dans ses avions. Son action sera, là aussi, contestée. En fait, Mme Cresson découvre, quai Branly, le vrai fonctionnement de la France étatique. Son ministère n'a pas de fonctionnaires : ils dépendent du ministère des Finances, haut lieu du pouvoir économique. Les « services » se méfient et se plaignent d'une ministre qu'ils accusent de confondre l'exportation avec l'exhortation. Mme Cresson en nourrira un dédain croissant pour les fonctionnaires, le ministère des Finances et, plus largement, pour l'État.

Une idéologie libérale

En 1984, dans le gouvernement de M. Laurent Fabius, le ministère du Commerce extérieur est rattaché au ministère de l'Industrie. Voilà au moins de quoi faire le poids face aux finances, croit-elle. Et voilà, enfin, une réforme ministérielle faite pour coller au modèle du fameux MITI japonais. L'action sera, là, plus posée : l'industrie nécessite du temps. Mme Cresson peut mettre nombre de décisions à son actif, comme l'arrivée de Georges Besse chez Renault ou une dotation pluriannuelle à Bull. Cependant, « rigueur » oblige, ses crédits diminuent. Sous la direction de M. Fabius, le volontarisme n'est pas « moderne ». La politique industrielle est une peau de chagrin. L'action consiste à sauver morceau par morceau les entreprises qui coulent. Rien de glorieux, mais Mme Cresson se forge une assez bonne image dans le milieu des affaires. Elle heurte toujours par ses déclarations à l'emporte-pièce : les partenaires sociaux sont « *coincés* », déclare-t-elle, mais ses positions critiques contre le Japon ou pour les privatisations « *Je n'ai pas la religion du secteur public* » sont saluées. Malgré sa façon de donner des ordres, Mme Cresson partage, en fait, une idéologie libérale.

Choquée par le comportement de M. Fabius lors de l'affaire Greenpeace et de la visite en France du général Jaruzelski, Mme Cresson en conçoit une solide inimitié envers le premier ministre. Lorsque, en mai 1988, M. Mitterrand souhaite l'accession de M. Fabius au poste de premier secrétaire du PS, Mme Cresson est, avec M. Roland Dumas, l'un des deux compagnons du chef de l'État qui ne peuvent se résoudre à respecter sa volonté. Deux ans plus tard, lors du congrès de Rennes, M. Mitterrand les empêchera, l'un et l'autre, de rejoindre le courant de M. Lionel Jospin contre M. Fabius, ce qui fait de Mme Cresson, aujourd'hui, une socialiste formellement sans courant.

En 1988, le ministère des Affaires européennes est taillé sur mesure. Sa tâche est de préparer puis de gérer la présidence française de la Communauté de juillet 1989 au 1er janvier 1990, moment important, notamment, pour l'union monétaire européenne. De nouveau, le ministre se heurte aux « services » : ceux du quai d'Orsay, ceux du premier ministre, ceux de l'industrie et bien entendu ceux des finances. Les dédales administratifs ne sont décidément pas son fort. Son ministère, encore une fois, n'a pas de fonctionnaire en propre. Contrariée, Mme Cresson bute toujours sur cette irréductible réalité : l'action gouvernementale passe par la machine d'État. Rien ne se fait sans ces « services » honnis.

D'où l'idée qu'il faut réformer le dispositif gouvernementalo-administratif français : casser le ministère de l'Économie et des Finances pour en isoler les finances et rattacher l'économie avec l'industrie, le commerce extérieur voire avec la recherche et fondre le tout dans un grand ministère « de la guerre économique ». L'idée est ancienne : M. Giraud, ministre de l'Industrie, l'avait eue avant 1981 et beaucoup la partagent parmi ceux, industriels, fonctionnaires ou hommes politiques, qui croient que l'action du gouvernement n'est pas assez tournée vers l'industrie, « cœur de la compétitivité et de la souveraineté des nations ». Cette critique vise directement M. Rocard et ses proches, comme M. Roger Fauroux, ministre de l'Industrie. Elle constitue l'un des thèmes favoris d'une partie des mitterrandistes et sert de prétexte, à l'été 1990, à une offensive concertée contre le premier ministre. Toutefois, le président de la République, après y avoir prêté l'oreille, met fin au complot. *« Ce n'est pas le moment »*, répond-il à sa fidèle ministre, qui, du coup, annule la publication d'une interview ravageuse qu'elle avait accordée au *Monde*. Trois mois plus tard, à l'automne, elle donnera sa démission du gouvernement.

Cet immobilisme convainc Mme Cresson qu'agir impose désormais d'aller dans le privé. Et qu'importe que cela soit chez Schneider, groupe propriétaire de Creusot-Loire, qui demeure la plus grosse faillite du capitalisme privé français et qui a coûté cher au contribuable. Schneider, où Mme Cresson était responsable de certaines actions internationales, vient de remporter une belle victoire en achetant l'entreprise d'électricité américaine Square D. Voilà comment l'on exporte aujourd'hui !

16 mai 1991, Eric LE BOUCHER, Patrick JARREAU

JE SUIS TRÈS FIER D'AVOIR NOMMÉ UNE FEMME DANS MON GOUVERNEMENT.
Catherine Beaunez

V – LES FEMMES « COHABITENT » MAL AVEC LA DROITE

Trois femmes ministres seulement et le ministère aux Droits de la femme disparaît... La première cohabitation de 1986-1988 n'est pas un bon cru pour les femmes. En 1995, Alain Juppé tente de se rattraper en constituant le gouvernement le plus féminisé de la Ve République, avec douze ministres et secrétaires d'État. Las, six mois plus tard, huit d'entre elles font les frais du remaniement ministériel. Trois petits tours et puis s'en vont... On ne les a pas appelées les marionnettes, mais les « juppettes ». Ce ne sont pourtant pas les talents féminins qui manquent à la droite.

Peu représentées pendant la première cohabitation (1986-1988)

Le coup de colère des femmes de l'opposition

« Ils » ont beau multiplier les belles déclarations en faveur de l'intégration des femmes dans la vie politique, quand vient le moment de « concocter » les listes électorales dans les états-majors des partis, le ton change et les portes se ferment. À gauche comme à droite, elles ne décolèrent pas, en constatant qu'il n'y a pas de place pour elles sur les listes législatives.

« *Nous sommes traitées comme des paillassons* », tempête Mme Yvette Roudy, ministre des Droits de la femme, qui, avec les militantes socialistes, dénonce l'attitude « *stupide et contradictoire* » du PS à propos des femmes, et se souvient, avec quelque amertume, de la proposition du candidat Mitterrand : au moins 30 % de femmes sur les différentes listes électorales.

À droite, Mme Monique Pelletier, ministre de la Condition féminine sous le précédent septennat, n'est pas moins sévère : « *C'est une régression historique depuis 1945. Nos efforts se soldent par un échec...* » Elle est d'autant plus scandalisée que l'opposition, qui se voit victorieuse en 1986 et pense pouvoir doubler le nombre de ses parlementaires, avait là, et grâce à la proportionnelle, la possibilité d'ouvrir largement ses rangs de nouvelles et nouveaux venus.

Quatre femmes siègent aujourd'hui sur les bancs de l'opposition à l'Assemblée nationale. Elles ne seront pas plus nombreuses demain...

Est-ce à dire que les femmes ne sont pas en mesure de rivaliser avec les hommes ? Le constat semble, aux yeux de Mme Pelletier, bien rapide et sûrement injuste. Et de citer pêle-mêle les noms de Mme Monique Papon (UDF-CDS), maire adjoint de Nantes, conseillère générale de Loire-Atlantique, seule candidate à avoir des chances d'être élue, de Mme Jacqueline Grand (RPR), conseillère municipale de Marseille, de Mme Évelyne Dupuet (RPR), première femme élue conseiller général dans le Lot-et-Garonne, de Mme Catherine Tressac (UDF), conseillère municipale de Bergerac (Dordogne), de Mme Annie Magnan (UDF), choisie par le conseil départemental de l'UDF des Alpes-de-Haute-Provence, et qui se voit préférer par les instances nationales le maire de Digne, de Mme Kolher-Chevrot, maire d'Enghien et conseillère générale du Val-d'Oise et conseillère régionale.

« Placer la dame »

Parce qu'elles estiment qu'une trentaine d'entre elles pouvaient raisonnablement prétendre siéger à l'Assemblée nationale, les femmes de l'opposition tapent aujourd'hui du poing sur la table.

À l'initiative de Mme Pelletier, qui, depuis trois ans, anime le mouvement Dialogue, elles lancent un appel à l'opinion publique. Un appel signé par quatre-vingt-quinze femmes, dont Mme Veil et six autres parlementaires européens, Mmes Florence d'Harcourt, Hélène Missoffe, Louise Moreau, députés, mais aussi Mmes Anne-Aymone Giscard d'Estaing, Anne d'Ornano, etc. « *À l'opposition de placer la dame !* », proclament les encarts publiés par la presse. Vendredi soir 11 octobre, ces femmes se retrouveront au casino d'Enghien pour poursuivre ce débat.

10 octobre 1985, Christine Fauvet-Mycia

Les femmes en colère

L'absence de femmes parmi les ministres (le nouveau gouvernement ne compte que trois femmes secrétaires d'État) et la suppression d'un ministère spécifique provoquent des réactions au sein des associations féminines et féministes, mais aussi dans d'autres organisations comme la Ligue des droits de l'homme, qui « *s'étonne du peu de responsabilités confiées à une femme dans le gouvernement, aggravé par la disparition du ministère des Droits de la femme* ».

Mme Monique Pelletier, président de Dialogue, rappelle qu'elle a activement participé à la campagne de l'opposition et elle regrette que M. Chirac n'ait pas créé un « *ministère de la Condition féminine et de la Famille* ».

Mme Monique d'Erceville, présidente de Femmes responsables, a démissionné du comité directeur et du bureau national du CNIP « *à cause du manque d'ouverture de ce parti, notamment vis-à-vis de l'action des femmes dans la politique* ».

L'Union féminine civique et sociale demande au premier ministre de créer rapidement un « *ministère pour toutes les femmes... afin de continuer l'action entreprise depuis de nombreuses années* ».

La Ligue du droit de la femme déplore, sans en être vraiment étonnée, le peu de place fait aux femmes dans ce gouvernement. Une réaction partagée par le Planning familial, Jeunes Femmes, la Maison des femmes, Halte aux femmes battues.

Enfin, SOS femmes Alternative déclare : « *Les lendemains qu'on nous annonçait ont, pour les femmes, le goût rétro d'un avant-hier* », et demande « *où est passé le ministère des Droits des femmes ?* »

25 mars 1986

« Retirez-nous le droit de vote... », courrier d'une lectrice
par Florence Perronin, professeur agrégé (Paris)

Au nom de toutes les femmes conscientes de n'être que des créatures émotives et vulnérables, aux capacités intellectuelles limitées, je tiens à remercier M. Chirac de sa sollicitude à notre égard.

La composition de son gouvernement où ne figure qu'une seule femme parmi les ministres, révèle en effet un désir louable de nous éviter tout souci politique.

Je pense que les femmes qui ont voté pour son parti s'en félicitent déjà ; les autres regrettent de ne pas l'avoir fait.

Je me permets maintenant de suggérer au nouveau gouvernement une réforme simple et qui renforcerait cette protection dont il semble nous faire bénéficier.

Retirez-nous le droit de vote, Monsieur Chirac. Après tout, on ne nous l'a généreusement accordé que depuis quarante ans : nous reprendrons facilement l'habitude de ne pas voter.

Je pense que vu sa composition à 94 % masculine, le Parlement ne s'y opposera pas, et vous nous épargnerez ainsi bien des préoccupations forcément dommageables à notre santé.

Vous avez bien commencé, continuez !

3 avril 1986

Les « juppettes » vite renvoyées (1995-1997)

Premier acte
Gouvernement Juppé : l'équipe ministérielle la plus « féminine » de l'histoire de la République

Dans le gouvernement d'Alain Juppé, douze ministres et secrétaires d'État ne sont pas des hommes. En nommant près d'un tiers de femmes dans l'équipe gouvernementale qui ouvre son septennat, Jacques Chirac a frappé fort. Jamais, sous la Vᵉ République, un gouvernement n'avait réservé une aussi large place aux femmes. Elles avaient été au maximum sept, dont une seule ministre, en mai 1974, dans le gouvernement dirigé par le même Jacques Chirac après l'élection à la présidence de la République de Valéry Giscard d'Estaing. Elles étaient encore sept en avril 1992 dans le gouvernement de Pierre Bérégovoy, comme si ce chiffre ne pouvait être dépassé, même si trois d'entre elles gagnaient le titre de ministre.

Cette fois, un cap paraît être franchi. La photographie officielle de l'équipe gouvernementale dirigée par M. Juppé sera d'autant plus remarquable que jamais un gouvernement n'a comporté autant de femmes. C'est avec le Front populaire que Léon Blum avait nommé les trois premières sous-secrétaires d'État.

Certes, jeudi 18 mai, la première d'entre elles n'arrive qu'en quatorzième position dans l'ordre protocolaire, et les trois quarts n'ont pas le grade de ministre. Huit sur douze sont secrétaires d'État. Toutefois, avec 28,6 % de femmes dans un gouvernement, contre 10 % dans le gouvernement d'Édouard Balladur, la France rejoint le peloton de tête des quinze pays de l'Union européenne, loin derrière la Suède (50 % de femmes au gouvernement), le Danemark (35 %) et les Pays-Bas (34,6 %), mais devant tous les autres.

En moyenne, la participation des femmes aux gouvernements nationaux en Europe se situe autour de 16 %. Ce positionnement parmi les pays les plus ouverts aux femmes dans le cadre du pouvoir exécutif peut surprendre : jusqu'à présent, en effet, la France était plutôt montrée du doigt, qualifiée de « lanterne rouge » de l'Europe, avec la Grèce, en ce qui concerne le nombre de femmes élues.

La surprise est divine du côté de ceux qui déploraient la faible place réservée jusque-là aux femmes dans la vie politique française. Jacques Chirac n'avait pourtant pas fait preuve d'un allant particulier sur ce sujet durant la campagne électorale. Le 7 avril, deux semaines avant le premier tour de l'élection présidentielle, le candidat du RPR avait expliqué, devant le Conseil national des femmes françaises, qu'il ne souhaitait pas s'engager sur un nombre minimum de femmes dans son gouvernement, s'il était élu, contrairement à Édouard Balladur, qui en promettait dix dans un gouvernement de trente personnes.

« *On a du mal à trouver un nom* » lorsqu'on cherche à nommer des femmes au gouvernement, avait expliqué M. Chirac. « *Il est très difficile de trouver un nombre important de ministres hommes, alors qu'il y a là un gisement avec une grande expérience. Il est très difficile de trouver autant de ministres femmes ayant également l'expérience et la compétence, avait conclu celui qui n'avait pas encore été élu à la présidence de la République. Pour exercer des fonctions ministérielles, ne vous trompez pas, c'est un métier ! N'importe qui ne peut s'improviser n'importe quoi.* »

M. Chirac avait aussi justifié son opposition à l'introduction de quotas pour permettre aux Françaises d'être présentes dans les assemblées élues. « *Je suis favorable à des quotas de fait, mais je m'interroge sur les quotas de droit* », avait-il déclaré, craignant qu'un échec d'une réforme de la Constitution, sur ce point, « *ne fige la situation pour longtemps* ». Il se démarquait ainsi de

M. Balladur, qui avait pris l'engagement de modifier la Constitution pour introduire un quota de 30 % de femmes dans les élections aux scrutins de listes. M. Chirac avait préféré demander aux responsables de son parti, chargés de constituer les listes pour les municipales, d'accorder une place de choix, en position éligible donc, aux femmes qui souhaiteraient se porter candidates. Enfin, il s'était déclaré partisan d'un financement public des partis politiques en fonction de la place accordée aux femmes.

20 mai 1995, Michèle AULAGNON

Deuxième acte
Le nouveau gouvernement Juppé : les femmes ont été les premières victimes du remaniement

Sur treize ministres et secrétaires d'État quittant le gouvernement, huit sont des femmes. Elles ne sont plus que quatre sur les trente-deux membres du nouveau gouvernement, contre douze sur les quarante et un de la précédente équipe. Il ne reste plus que deux femmes ministres, contre trois auparavant : Corinne Lepage demeure ministre de l'Environnement, et Anne-Marie Couderc est promue ministre délégué à l'Emploi auprès du ministre du Travail et des Affaires sociales. Parmi les secrétaires d'État, les rescapées sont encore plus rares : Anne-Marie Idrac conserve son poste de secrétaire d'État aux Transports, et Margie Sudre est reconduite au secrétariat d'État chargé de la Francophonie.

Nommée depuis moins d'un mois rapporteur général de l'observatoire de la parité, Roselyne Bachelot, député (RPR) de Maine-et-Loire, regrette cette situation. « *C'est un recul* », explique celle qui dirige l'organisme chargé de recenser les inégalités entre les hommes et les femmes. « *Certes,* ajoute Mme Bachelot, *il faut analyser la diminution du nombre de femmes ministres dans le cadre d'une équipe gouvernementale plus ramassée. Elles étaient particulièrement nombreuses parmi les secrétaires d'État dans le premier gouvernement d'Alain Juppé. Or il ne reste plus que cinq secrétaires d'État, dont deux femmes.* »

« *Certaines femmes avaient été choisies pour féminiser l'équipe gouvernementale de manière artificielle,* précise Mme Bachelot. *Elles n'ont pas pu résister au remaniement, qui privilégie les professionnels de l'action publique. D'autres, en revanche, comme Élisabeth Hubert (...) et Colette Codaccioni (...) ont été sacrifiées pour les besoins d'une réforme de structures à la veille d'un grand débat sur la protection sociale.* »

Mais le député de Maine-et-Loire s'inquiète davantage du faible nombre de femmes à l'Assemblée nationale, « *le réservoir naturel de ministres* » : les femmes parlementaires en France ne sont que 5,5 %, la proportion la plus basse de toute l'Union européenne, à l'exception de la Grèce.

Les premiers dirigeants politiques à s'émouvoir ont été les ténors du PS. Jack Lang, ancien ministre de la Culture et aujourd'hui militant de la cause des femmes, déplore qu'« *une fois de plus les femmes soient marginalisées dans la composition d'un gouvernement* ». « *Quelques semaines après la Conférence mondiale des femmes de Pékin, notre pays aurait dû au contraire être à l'avant-garde* », estime le maire de Blois.

Une proportion « classique »

L'ancien ministre socialiste Marie-Noëlle Lienemann regrette pour sa part que, « *pour M. Juppé et M. Chirac, le renouveau et l'efficacité consistent essentiellement dans le renvoi des femmes du gouvernement* ». Ségolène Royal, député (PS) des Deux-Sèvres, conclut que, « *même si certaines manquaient d'expérience, elles n'ont pas fait plus de gaffes que les hommes* ».

Enfin, Nicole Catala, député (RPR) de Paris et vice-président de l'Assemblée nationale, a déploré que « *la volonté d'Alain Juppé de former un gouvernement plus resserré se traduise par le départ des deux tiers des femmes ministres, alors que nombre d'entre elles n'avaient pas eu le temps de faire leurs preuves* ».

En juin, la photographie officielle du gouvernement qui inaugurait le septennat de Jacques Chirac frappait par le nombre de silhouettes féminines. Le premier gouvernement d'Alain Juppé était le plus féminisé de la Ve République. Avec 28,6 % de femmes au sein de l'équipe gouvernementale, la France se classait au quatrième rang de l'Union européenne. Le cliché du deuxième gouvernement dirigé par M. Juppé sera beaucoup plus classique : la proportion de femmes est tombée à 12,90 %, soit un score inférieur de trois points à la moyenne européenne.

9 novembre 1995, Michèle AULAGNON

Trois femmes de droite, trois façons de faire de la politique

PORTRAITS

Roselyne Bachelot, la Panthère rose du RPR

Issue d'une bonne famille angevine dominée par la figure du père, Jean Narquin, ancien élu gaulliste du Maine-et-Loire, Roselyne Bachelot détonne dans le paysage politique. Portrait d'une femme de droite qui a voté le PACS avec la gauche et qui préconise aux hommes la lecture des magazines féminins

Dans Roselyne, il y a « rose », sa couleur préférée, celle qu'a choisie l'hebdomadaire *Elle* (9 novembre 1998) pour mettre en scène la *« plus rose des chiraquiennes »*. Roselyne Bachelot-Narquin (RPR), députée du Maine-et-Loire, a voté avec la gauche le pacte civil de solidarité (PACS) et participé au défilé de la Gay Pride, le 26 juin. L'« égérie des homos » devient la coqueluche des médias. Va-t-elle passer à gauche ? Que fait-elle à droite ? Elle intrigue. Mais celle qui a combattu les emplois-jeunes, et qui dénonce aujourd'hui les 35 heures, n'a pas l'intention de quitter le RPR. En matière économique, Mme Bachelot se réclame du « gaullisme social », comme son père, l'ancien député Jean Narquin, qui a maintenant rejoint le Rassemblement pour la France (RPF). « Prohibitionniste » à l'égard des drogues douces et de l'alcool, elle prône la « tolérance zéro » vis-à-vis de la délinquance. Pas si souple que ça, donc. Encartée au RPR depuis sa création, en 1976, elle s'y trouve « *bien* », c'est sa « *famille* ». « *On ne quitte pas sa famille, on essaie de la changer de l'intérieur* », dit-elle.

La maxime vaut aussi pour ses proches. Il y a un « clan Narquin » dont elle ne s'est jamais détachée, même si elle se sent moins à l'aise dans la bonne société angevine. Le PACS est passé par là. Longtemps, sa signature – « Bachelot-Narquin » – a porté la trace du père. Aujourd'hui, il lui arrive de signer « Bachelot », du nom de son ex-mari, Jacques. Seul ce nom figure en couverture de son dernier livre, *Le PACS entre haine et amour* (Plon). Elle est connue, « Bachelot » suffit.

La politique, elle est « tombée dedans » toute petite. Son père, ancien résistant, gaulliste grognard, est une figure locale. Née le... 24 décembre 1946 à minuit, « Roselyne » est de toutes les campagnes électorales. Le général de Gaulle lui aurait tapoté la joue, à neuf mois, alors qu'elle était dans les bras de sa mère. Toute une légende ! Sa mère, Yvette, lui fait découvrir des ouvrages féministes.

« Brillante élève », elle voulait être professeur de latin. Elle choisit finalement la médecine, comme ses parents, tous deux chirurgiens-dentistes. Après son mariage, elle interrompt ses études pour financer celles de son mari, qui deviendra pharmacien. Elle est alors visiteuse médicale. À trente ans, son époux installé, elle reprend le chemin de la fac et démarre sa carrière politique.

Son père n'est pas loin. Lors des premiers meetings de sa fille, M. Narquin, assis au fond de la salle, note son vocabulaire, étudie son comportement. *« Un mot incompréhensible, une veste trop voyante... Je ne me gênais pas pour lui dire »*, explique l'ancien député. Arrivent les élections cantonales de 1982. La jeune femme jongle entre la campagne et les études. « Amoureuse » de la Syrie et de la Jordanie – aujourd'hui pro-irakienne –, elle passe son examen de troisième année d'arabe entre les deux tours de l'élection. Élue conseillère générale, la jeune diplômée travaille, parallèlement, à la pharmacie du Carrefour d'Angers. Le père veille toujours au grain. Directeur d'Europe 2 Ouest de 1984 à 1994, il lui prépare sa revue de presse quotidienne. « *Je le fais encore aujourd'hui. Où qu'elle soit, je l'appelle tous les matins, à huit heures, pour lui donner les informations locales* », dit-il. Son fils, Pierre, âgé de trente ans, est aujourd'hui son attaché parlementaire à Angers. Il gère son site Internet.

Le duo père-fille continue. En 1988, l'année des élections législatives, M. Narquin décide de se retirer au profit de « Roselyne ». « *Tu n'es pas propriétaire de ta circonscription* », grognent les barons du RPR. Il comprend vite que, s'il ne se représente pas, la 1re circonscription du Maine-et-Loire n'« ira » pas à sa fille. Mieux vaut donc rester dans la course... officiellement. « Le jour de clôture des candidatures, à minuit moins dix, j'ai couru à la préfecture pour inscrire le nom de Roselyne. Le lendemain, 160 affiches 4 × 3 annonçaient sa candidature. On avait tout prévu ! », raconte M. Narquin. « *Le traître !* », râlent ses collègues du RPR. La campagne ne vole pas haut : des affiches « 3615 Roselyne » tapissent les murs d'Angers. Le 12 juin 1988, au soir du second tour, Mme Bachelot-Narquin l'emporte contre le socialiste Jean-Claude Chupin. Au Parlement, elle découvre le « *temple machiste* », ses mots, ses faits et... ses gestes. Elle se rend compte, aussi, qu'il y a « *pas mal d'homos* » chez les hommes politiques, quel que soit leur bord.

« *J'ai vu fi-fille grandir dans l'ombre de papa* », résume Jean Monnier, maire d'Angers (PS, puis divers gauche) de 1977 à 1998, auquel a succédé Jean-Claude Antonini (PS). « *Je ne l'aime pas, elle non plus. On ne se fait pas de cadeaux. Mais j'ai toujours dit à ceux qui la critiquaient : "Détrompez-vous, elle aura un flair politique plus aiguisé que celui de son père"* », ajoute-t-il, tout en observant qu'il y a « *deux Roselyne, la star des médias et l'élue locale* ». On connaît moins la seconde.

Sa circonscription de Maine-et-Loire est « une petite France en réduction » : elle englobe la moitié du centre-ville d'Angers, une zone périurbaine, défavorisée, à forte population immigrée, un espace « rurbain » pavillonnaire et, enfin, le terroir angevin, agricole. La députée et conseillère municipale d'Angers s'adapte. Elle a son franc-parler, son rire est sonore, mais le ton est celui d'une fille de bonne famille. Grande, forte, elle passe partout. Le pas vif, cachée derrière ses lunettes de soleil, on la voit de loin avec ses vestes de couleurs vives qu'elle porte, souvent, sur une tenue noire. « *Il faut qu'elle se présente à la mairie d'Angers, en*

2001. Au stade où elle est engagée, les gens ne comprendraient pas qu'elle n'y aille pas », explique Jean-Yves, le patron du café où elle tient une permanence, le samedi, dans le quartier sensible de Monplaisir, à Angers. L'intéressée réserve sa décision « *aux électeurs, à la fin de l'année* » 1999 [1]. Mais l'« intégriste » du non-cumul des mandats aime par-dessus tout celui de député, qui laisse plus de « liberté ». « *Elle ne sera jamais maire d'Angers ! Elle ne se présentera pas, car elle sait qu'elle ne sera pas élue* », assène M. Monnier, face à qui elle avait échoué aux municipales de 1995. Non pas que son combat pour le PACS lui cause du tort, juge l'ancien syndicaliste, mais Angers a viré au « rose » grâce à lui, en 1977, et doit y rester.

L'effet du PACS sur sa carrière est encore flou. Son père, qui fréquente le Rotary Club d'Angers, entend dire qu' « *elle sera battue* » aux prochaines législatives. « *Il en est traumatisé* », confie Mme Bachelot. M. Narquin affirme pourtant qu'il n'y croit pas. « *J'ai reçu des centaines de lettres de protestation pour avoir voté l'abolition de la peine de mort, en 1981. Je pensais être battu aux élections suivantes, j'avais même acheté un cabinet dentaire pour me reconvertir. Et j'ai été réélu...* », raconte-t-il. François Fillon (RPR), président de la région des Pays de la Loire, depuis mars 1998, n'est pas inquiet non plus. Mme Bachelot, vice-présidente du conseil régional, en charge de l'environnement, a soutenu le candidat à la présidence du RPR, éliminé au premier tour, le 20 novembre. « *Je n'ai pas été désavouée par mes électeurs : mon petit François a fait 56 % dans mon département* », dit-elle. « *Avant, on n'avait pas beaucoup d'atomes crochus. Je l'ai découverte à la région. Elle est efficace, compétente et loyale* », juge M. Fillon, qui ajoute : « *Pour changer le parti, on a besoin de gens comme elle.* »

Mme Bachelot ne demande pas mieux. « *Il faut tout changer : le message, la stratégie, la tactique !* », lance-t-elle, le 6 novembre, devant des militants RPR réunis pour un meeting de soutien à M. Fillon dans l'Ardèche. La cohabitation ? Elle est « contre » ; elle plaide pour un régime présidentiel, où le chef de l'État serait élu pour un seul mandat de sept ans, nommerait ses ministres et n'aurait pas le droit de dissoudre. Le départ de Pasqua ? « *Nous nous sommes amputés de nous-mêmes !* », déplore la députée, qui avait voté « non » à Maastricht, mais qui a dit « oui » à Amsterdam. Jean Tiberi ? « *C'était son devoir de démissionner !* » La réforme de la justice ? « *J'ai voté, la fleur au fusil, la réforme du Conseil supérieur de la magistrature. Aujourd'hui, je ne sais plus.* »

1. Roselyne Bachelot ne s'est pas présentée aux élections municipales de mars 2001. (Note de l'éditeur.)

Catholique pratiquante, elle compare volontiers la situation du RPR à celle... de l'Église : « *On est mal et, parce qu'on est mal, on se réfugie dans le passé.* »

Séguin, Juppé, Chirac : elle éprouve pour les trois hommes un « *amour mêlé d'irritation* », même si la « souverainiste » se sent plus proche de Philippe Séguin. Ses efforts pour « moderniser le parti » ne sont pas récompensés, râle-t-elle. En 1992, la déléguée générale du RPR à la condition féminine « *étudie pendant six mois* » la presse féminine. Elle observe que les partis de droite sont « *six fois moins cités* » que ceux de la gauche. Elle convainc Alain Juppé, alors secrétaire général du RPR, d'embaucher une attachée de presse pour pénétrer dans les rédactions. « *Résultat, à la veille des législatives de 1993, la droite était aussi présente que la gauche. Mais j'ai été virée de mon poste pour avoir soutenu un candidat dissident aux élections* », dit-elle.

Cette expérience lui a toutefois permis de se faire une place de choix dans le milieu. « *J'étais la seule politique au lancement de la nouvelle formule de* Marie-Claire », se souvient-elle. Elle estime que « *les hommes politiques devraient lire les "féminins", ils verraient, par exemple, ce qu'attendent les femmes des 35 heures* ». Quand, en 1993, elle organise au groupe RPR une réunion sur le contrat d'union civile et sociale (CUCS) – l'ancêtre du PACS – « *seul Jean-Luc Roméro* » vient écouter Jean-Paul Pouliquen, président du Collectif pour le CUCS, dont Mme Bachelot est membre.

De Jacques Chirac, elle ne connaît que le candidat de la « fracture sociale », pour lequel elle avait fait campagne en 1995. Elle espérait décrocher un ministère. « *Lors de la conférence de presse où il annonçait son départ, Michel Barnier* [ministre de l'Environnement de 1993 à 1995] *a dit que je prendrai sa relève. Quelques jours plus tard, j'ai appris par un communiqué de l'Élysée que je ne faisais pas partie de l'équipe. J'ai été très humiliée.* » M. Barnier n'a « *pas de souvenir* » de cet épisode, mais le nouveau commissaire européen se rappelle que « *Roselyne a été l'une des rares à se préoccuper d'environnement, au RPR* ». « *Je me suis beaucoup appuyé sur elle, pendant mes deux ans au ministère, pour qu'elle relaie mon action* », dit-il. En guise de clin d'œil, il ajoute qu'elle a « *la trempe d'une ministre* ». Après cet incident, Jacques Chirac a appelé Mme Bachelot au téléphone, « *pendant un quart d'heure* », pour lui dire : « *Ce n'est que partie remise.* » La féministe est ensuite nommée « rapporteure générale » de l'Observatoire de la parité – un « *lot de consolation* », comme elle dit –, elle y impose son « *amie* » Gisèle Halimi, avocate, ancienne députée (appartenance PS). Elle devient proche de la philosophe, historienne et féministe Geneviève Fraisse, avec laquelle elle a cosigné, au printemps, en pleine campagne pour les élections européennes, un livre d'entretiens (*Deux femmes au royaume des hommes*, Hachette). Mme Fraisse est alors numéro deux sur la liste d'ouverture de Robert Hue (PCF). « *On n'a pas les mêmes idées politiques, mais Roselyne est une femme qui tranche un peu : elle est extrêmement cultivée. Elle a beaucoup souffert, sa vie privée est quelque chose d'important pour elle* », souligne l'ancienne déléguée aux droits des femmes. Mme Bachelot n'hésite pas à parler de son « *minou* », un homme politique.

Mme Bachelot le reconnaît : elle s'entend « *mieux avec les femmes qu'avec les hommes* ». Elle « *aime bien* » Martine Aubry, par exemple. Lorsque les débats sur les 35 heures s'éternisent un peu trop, à l'Assemblée nationale, Mme Bachelot demande une suspension de séance pour permettre à la ministre de l'Emploi et de la Solidarité de faire une pause. Elle soigne son image décalée. Dans l'émission « Sur la route », de Canal Jimmy diffusée le 25 octobre 1999 au cours de laquelle elle discute à bâtons rompus avec Marc Jolivet, elle évoque le souvenir d'une plage nudiste à Ibiza, où « *pas un sexe d'homme n'était pareil à l'autre* ».

Et maintenant ? La députée de Maine-et-Loire n'a pas été réélue au bureau du groupe RPR de l'Assemblée, en juin. En août, elle s'est vu retirer sa fonction de secrétaire générale du parti, chargée de l'emploi. Encore un effet du PACS ! « *Au RPR, je suis comme la Panthère rose : trois pas en avant et puis deux baffes !* », rit-elle. À cinquante-deux ans, elle jure qu'elle ne sera « *candidate à rien à partir de soixante ans* ». D'ici là, elle compte bien mettre sa griffe.

26 novembre 1999, Clarisse FABRE

Les drôles de larmes de dame Boutin

La pourfendeuse du PACS à l'Assemblée a imposé une image singulière avec ses discours passionnés et radicaux plus dictés par sa foi catholique que par ses choix politiques

FAIRE ou ne pas faire du Boutin, la question commence à se poser. Depuis les débats sur le pacte civil de solidarité (PACS), Mme Boutin pourrait bien entrer dans le dictionnaire, au moins sous forme d'une expression usuelle. Non seulement son confrère Claude Goasguen, porte-parole (DL) sur le PACS, s'est récemment juré de « *ne pas faire du Boutin en pantalon* », mais Christine Boutin elle-même a tendance à se prendre pour un nom commun : dans le livre de souvenirs politiques, *Les Larmes de la République* (Plon), elle explique l'échec de l'homme qu'elle a longtemps soutenu, Raymond Barre, par cette « *grande erreur* » : n'avoir pas « *multiplié les Boutin un peu partout en France* ».

Ce qu'est précisément une Boutin, les nombreux bibelots et photographies qui ornent le bureau de la députée des Yvelines, dans sa permanence de Rambouillet, où elle est maire adjoint, peuvent contribuer à le définir. On trouve, en vrac : une sainte vierge en bois, un poster de la même Sainte Vierge, le drapeau de la Croatie, un tableau représentant un vieillard assis – « *l'épreuve de la vie* », dit-elle –, des photos de famille, Christine et Jean Paul II, Christine faisant le « V » de la victoire lors de son élection au conseil général, en 1982, Christine en brune et en mince – « *à l'époque où j'étais jeune et jolie* ».

« *Une Boutin*, analyse sans sourciller Christine Boutin en tirant sur ses Gitanes légères, vêtue d'un tailleur-pantalon et chaussée de petites bottines noires, *dans ce cas précis, c'est une personne indépendante des partis politiques. Quant à faire du Boutin, il faut qu'on m'explique.* » Elle tranche la question d'un air cabotin, sans ignorer ce par quoi on caractérise cette militante singulière de l'UDF, inscrite au parti mais seulement « apparentée » au groupe à l'Assemblée nationale : une façon de plaider pour la tradition et les « valeurs » de manière radicale, jusqu'à la caricature, en s'inspirant d'un catholicisme fougueux. De tout cela on put faire l'expérience, particulièrement ces quelques jours fameux où Christine se mit à faire, plus que jamais, « du Boutin ».

C'était il y a un an, à l'Assemblée nationale. Envoyée au front par l'UDF, elle y défendit en cinq heures et vingt-sept minutes l'exception d'irrecevabilité sur la proposition de loi du PACS. Le grand public découvrait soudain une pasionaria du combat pour la famille traditionnelle, ouvertement hostile à toute forme d'union sociale des homosexuels et peu conforme, par la radicalité de son style, aux principes de raison dont se prévaut généralement sa très sage famille centriste.

L'émotion fit du désordre. Devant l'Hémicycle, le premier ministre, Lionel Jospin, mentionnait l'intervention d'une députée « *marginale (...) et outrancière* ». Pour cette dure-à-cuire qui n'a pas hésité à brandir sa Bible en pleine séance parlementaire pour interrompre la ministre de la Justice, ç'aurait pu n'être que bagatelles. Mais Christine Boutin, ce jour-là, craque. Elle fond en larmes, brièvement, se reprend. Le lendemain, elle annonce fièrement qu'une personne « *haut placée* » lui a offert un bouquet de fleurs. Qui ? Lionel Jospin ? Philippe Douste-Blazy, président du groupe UDF à l'Assemblée ? Un admirateur anonyme ? À moins que ce ne fût elle-même ?

L'affaire du bouquet a permis à Christine Boutin de se faire l'héroïne d'un petit polar dont elle n'est pas mécontente. L'expéditeur du bouquet, elle prévient qu'elle ne révélera pas son identité avant dix ou quinze ans. Et précise, quant au reste, que son sanglot « *n'a pas duré longtemps* ». Elle s'explique : « *Ce n'était pas glorieux. Je me suis dit : "Christine, tu arrêtes, tu te ressaisis. Comment tu vas gérer ce truc ?" Puis j'ai vite compris que je pouvais en tirer les royalties. En disant que j'avais reçu le bouquet, je montrais du doigt l'erreur politique de Jospin.* »

Un « as de la com » n'aurait pas fait mieux. En la matière, Christine Boutin sait s'y prendre. Le bouquet est devenu pour elle un étendard. Les larmes, elle en a fait le titre de son livre, *Les Larmes de la République*. Deux signes de reconnaissance qui, avec l'écharpe qu'elle arbore constamment sur l'épaule – « *pour cacher que j'ai grossi et ne pas être un boudin* » –, contribuent à une stratégie de l'apparence bien comprise. « *C'est une bête politique* », reconnaît, amusé, Dominique Paillé, député (UDF) des Deux-Sèvres. « *Elle a une conception messianique de la politique, note quant à elle Roselyne Bachelot (RPR, Maine-et-Loire), sa seule adversaire de droite, à l'Assemblée, sur le PACS. Avec ses écharpes, c'est un peu Jeanne d'Arc sur son cheval, c'est "Ralliez-vous à mon panache blanc".* »

Se démarquer. C'est, selon certains de ses camarades centristes, son obsession et son habileté. Comment expliquer autrement l'inscription persistante de Christine Boutin à l'UDF, quand elle ne partage pas les combats fondamentaux du parti et laisse entendre qu'elle n'a pas voté pour son président, François Bayrou, aux élections européennes du 13 juin ? Férocement opposée au traité de Maastricht et à celui d'Amsterdam quand l'UDF en a fait un de ses fers de lance, « dame Boutin », comme elle se désigne elle-même, ne veut pas d'une fédération qui « *gomme le génie des nations* ».

Les sujets de dissension avec l'UDF ne manquent pas. Sans être soupçonnée d'aucune sympathie pour le Front national, Christine Boutin a pu néanmoins paraître équivoque en soutenant publiquement Charles Millon, accusé d'avoir obtenu la présidence de la région Rhône-Alpes avec les voix du FN – « *Il m'a dit ne pas avoir passé d'accord avec le FN, et je le crois* » –, s'explique-t-elle. D'autre part, violemment opposée à l'avortement – comme à la peine de mort ou à l'euthanasie –, elle ne mâche pas ses mots pour évoquer sa prestigieuse consœur centriste Simone Veil, « *une diva qui joue à la diva, caractérielle et soupe au lait* », à l'origine de cette « *loi eugéniste, inhumaine* » qui autorisa l'interruption volontaire de grossesse.

De l'hostilité à l'Europe au combat pour les valeurs familiales, morales et religieuses, en passant par une haine de la gauche sans appel, c'est de Philippe de Villiers que Christine Boutin est, objectivement, le plus proche. Ils voguèrent d'ailleurs de conserve, fondant ensemble le mouvement Combat pour les valeurs, en 1991. Puis mirent fin à ce très bref pacte de solidarité politique. Le député de la Vendée, à l'heure qu'il est, ne souhaite pas s'exprimer sur le sujet. Elle non plus, se contentant de dire que « *de Villiers* [la] *colle un peu trop* », et de renvoyer le Rassemblement pour la France (RPF), des souverainistes Pasqua et de Villiers, à l'image périmée de « *parti sans avenir, fait d'ambitions personnelles* ». Elle préfère dire son admiration pour Jean-Pierre Chevènement, Michel Rocard, Vaclav Havel et Lech Walesa. Et réaffirmer, non sans malice : « *Je suis très bien à l'UDF.* »

On se croirait chez mère Ubu : à l'UDF, c'est-à-dire nulle part. C'est un peu ainsi, comme dans une auberge espagnole où elle peut aisément détonner, que Christine se sent si bien à l'UDF. La réciproque est moins sûre. Au sein du parti, la députée est aussi utile qu'encombrante. Alternativement, on tire profit de sa passion et de sa radicalité pour rassurer la partie plus droitière et catholique de l'électorat centriste, et on feint de prendre ses distances avec elle pour se donner une mine plus moderne. Ces allées et venues embarrassées se sont exprimées lors de l'université d'été de l'UDF, à Risoul, fin août. Devant des jeunes centristes furieux de voir leur parti « emboutiné » sur le PACS, Philippe Douste-Blazy condamne le discours « *pour une partie homophobe* » de Christine Boutin. François Bayrou renchérit. « *Après ça,* raconte Christine, *je trouve sur ma boîte vocale des messages de Douste qui s'excuse. Le lendemain, c'est Bayrou.* » « Douste » dit que non. Christine s'en fiche. « *Il gère comme il peut, le malheureux. Moi, je pardonne. La religion m'a dit qu'il fallait le faire, et la politique l'exige.* »

À cinquante-cinq ans, cette mère de trois enfants qui était venue à la politique par hasard – « *Je n'avais qu'un but : me marier et avoir une famille nombreuse* » – se bat seule. Après avoir épuisé des admirations successives – Giscard d'Estaing d'abord, son premier mentor, qu'elle finit par « *lâcher* » parce qu' « *il* [lui] *avait raconté des craques* », puis Raymond Barre au début des années 1980 –, elle roule maintenant pour elle-même. Avouant d'un air polisson « *tomber souvent amoureuse* », mais n'écoutant que Dieu. Bien plus que ses convictions politiques, c'est le catholicisme qui définit Christine Boutin. Elle revendique hautement ses activités auprès du Vatican, où elle est consulteur pontifical – « *de tous mes titres, celui dont je suis la plus fière* ». Si elle assure défendre la laïcité de l'État, sa foi détermine pour l'essentiel ses prises de position. Lorsque Maurice Papon était en fuite, elle avait paru ainsi s'inquiéter avant tout de son salut, déclarant : « *J'espère qu'il n'a pas pensé à se suicider.* » En revanche, c'est par le hasard d'une rencontre, et non par solidarité catholique, que Christine Boutin s'est retrouvée, dès le début de la guerre en Yougoslavie, à la tête d'une croisade pour défendre la Croatie. Pour preuve, elle est présidente du groupe d'amitié France-Croatie, mais aussi vice-présidente de France-Bosnie.

Soupçonnée d'intégrisme, elle multiplie dans sa conversation les signes de sa tolérance et de son souci de la personne humaine, au nom de l'Évangile. Accusée d'homophobie, elle s'en défend en dénonçant la banderole isolée « Les pédés au bûcher » visible dans la manifestation anti-PACS de janvier. Plus maladroitement, elle évoque systématiquement, avec une distance compatissante et un peu gênée, les « *personnes homosexuelles* ».

Le réseau qui la soutient n'est pas toujours aussi prudent. Ses ennemis politiques directs font état des menaces qu'ils reçoivent chaque fois qu'ils mettent en cause le nom ou les combats de Christine Boutin. Un des jeunes UDF de l'université d'été, Philippe Meynard, a reçu des lettres anonymes, un cercueil et un message téléphonique enregistrant un coup de feu. « *Je ne dis pas que c'est Christine Boutin qui orchestre tout cela* », reconnaît Jean-Luc Roméro (RPR), président d'une association d'élus locaux contre le sida, et victime des mêmes menaces. Un réseau de groupuscules multiples, autour d'elle, échappe largement à la présidente de l'Alliance pour les droits de la vie. Condamnant toute forme de violence, celle qui fut l'amie du professeur Lejeune note plus mollement que le mode d'action des commandos anti-IVG n'est « *pas le bon* ». Avant de comparer, subrepticement, l'avortement et le génocide. À propos de Simone Veil, encore : « *J'éprouve du respect pour cette femme juive qui a subi dans sa chair le nazisme et l'élimination de la race. Que la même femme défende l'avortement, cette atteinte à la vie, cette philosophie eugéniste, c'est pour moi une situation personnelle et spirituelle tragique. Je prie, oui, je prie souvent pour Simone Veil.* »

Comme pour compenser les propos qui figent sa réputation d'intégriste, Christine Boutin s'est forgé une image à son contraire. Pleine d'esprit de repartie, disons même franchement rigolote, jouant habilement de ses propres clichés, elle avoue sans gêne avoir étudié l'utilisation des médias. Prête à tout, même à se rendre sur le plateau de Thierry Ardisson pour répondre sur son propre usage des préservatifs ou préciser tranquillement qu'elle ne porte jamais de boucles d'oreilles quand les invités revêtent la « panoplie Boutin » : perruque blonde, lunettes, écharpe rouge... et les boucles. Entourée d'une attachée de presse sortie d'un magazine de mode et d'une équipe jeune venue du monde de l'entreprise, elle suit leurs conseils : « *Si mon image était ma vérité, je ne me fréquenterais pas moi-même. Je n'aime ni les réacs, ni les ringards, ni les homophobes. Les extrémistes, j'ai envie de leur taper dedans.* »

Christine Boutin prépare ses prochains combats. La famille, la mondialisation, les exclus. Toujours catholique avant d'être politique, ou pour l'être. Elle savoure sa dernière petite victoire : avant que le Conseil constitutionnel ne déclare conforme la loi sur le PACS, Jacques Chirac, qu'elle avait interpellé, s'était décidé à prendre position contre. « *C'est un service que j'ai rendu au président* », note-t-elle, espiègle, non sans remarquer qu'il n'a jamais jugé bon de la rencontrer – « *d'ailleurs, moi non plus* ». Peut-être est-ce aussi pour lui « rendre service » qu'elle n'écarte pas l'hypothèse de se présenter à l'élection présidentielle. « *J'ai maintenant des moyens pour peser sur le débat politique, et je ne vais pas les gaspiller. Je ne serai jamais président ni ministre. Je m'en fous, je suis libre.* »

13 novembre 1999, Marion VAN RENTERGHEM

Michèle Alliot-Marie : Madame « LE » président

La candidature de Michèle Alliot-Marie, élue présidente du RPR, est née d'une plaisanterie entre amis, en juillet : « Et si on présentait une femme ! » *Portrait d'une bûcheuse au sang basque qui se destinait au droit avant de tomber dans le chaudron de la politique*

Ce soir-là, à Loudéac, dans les Côtes-d'Armor, un couple de vieux militants sort de la salle municipale en trottinant. Elle, admirative : « *C'est une battante, hein ?* » Lui, en ajustant son béret : « *Eh ! C'est une Basque !* » Un peu plus tôt dans la journée, à Saint-Lô, une jeune femme se tourne vers ses compagnons après l'avoir écoutée : « *Mais c'est génial ! C'est ça qu'il nous faut, non ?* » Trois jeunes gens, « fillonistes » au premier tour, acquiescent. N'est-ce pas gênant, tout de même, que ce soit une femme ? « *Au contraire. Il y a des tas de femmes chefs d'entreprise, et elles sont dynamiques* », répond un ancien chauffeur de l'Élysée reconverti dans l'agriculture. Un hôtelier sympathisant du Finistère, qui lui a loué un salon pour une réunion, monte à l'étage pour l'écouter quelques minutes. Il en redescend, conquis à son tour : « *J'ai accueilli les trois autres candidats. Jusqu'à présent, j'étais plutôt pour Devedjian. Mais là, c'est drôlement intéressant : ça pourrait être la Nicole Notat du RPR.* »

Michèle Alliot-Marie est en campagne, depuis la veille, pour le second tour de l'élection du président du RPR. À la différence de Jean-Paul Delevoye ou de François Fillon, elle n'a ni réseaux ni fonds de commerce, mais l'alchimie est en train de prendre. Pour son premier meeting, à Dugny, en Seine-Saint-Denis, Eric Raoult a fait donner, pour l'accueillir, la chanson des Beatles « Michèle, ma belle... ». De nouvelles pancartes, d'abord artisanales, ont fait leur apparition : « Michèle en 1999, pour Jacques en 2002 », « MAM... et ça repart ».

Ils ne sont que sept parlementaires autour d'elle, ce dimanche après-midi : Patrick Ollier, son mandataire national, Jacques Baumel, Yves Fromion, Thierry Mariani, Patrice Martin-Lalande, députés, et les sénateurs Jean Chérioux et Serge Vinçon. L'équipe des permanents est limitée à six personnes, parmi lesquelles sa nièce Ludivine, le directeur de campagne, Denis Gabriel, et Jean-François Probst, un vieux routier du chiraquisme, qui furent tous deux membres du cabinet de Mme Alliot-Marie au ministère de la Jeunesse et des Sports, de 1993 à 1995. En neuf jours seulement, la candidate prévoit notamment d'aller saluer son amie Françoise de Panafieu dans sa permanence parisienne ; de « labourer » le Grand Ouest, où son concurrent du premier tour, François Fillon, est en train de tisser sa toile ; de se rendre en Corse et à Marseille, où les résultats n'ont guère été brillants ; et de finir sa campagne à Bordeaux, chez Alain Juppé. Rien n'est laissé au hasard. Pour plus de sécurité, elle ajoute à un emploi du temps déjà chargé un déplacement dans le Nord, largement acquis à Jean-Paul Delevoye, un autre encore à Millau, dans l'Aveyron, chez Jacques Godfrain, comme elle amateur de rugby et bon connaisseur de l'Afrique.

Sous des airs avenants, Michèle Alliot-Marie est souvent distante. Enjouée, drôle, voire charmeuse, elle aime aller à la rencontre des militants. Elle rend visite discrètement à une fédération, une fois par mois, depuis douze ans. Mais elle a la repartie vive, elle peut être cassante. « *C'est sa manière de se protéger. C'est une femme tout en énergie* », tempère son ami Patrick Ollier. Si ce n'était la couleur des cheveux, elle ferait songer, parlant de son équipe, à Barbara lorsqu'elle chantait Mes hommes. Il est vrai qu'au RPR comme au Pays basque il lui a fallu se garder du machisme ambiant. Lors de l'élection présidentielle de 1995, par exemple, elle cherche longtemps à éviter la cassure entre chiraquiens et balladuriens. Le surnom de « passerelle » qu'elle gagne à cette occasion donne encore lieu, chez les « compagnons », à toutes sortes d'allusions douteuses. Il en va de même lorsque, plus récemment, parlant de ses relations avec les « éléphants » du RPR, elle répond qu'« *il suffit de leur caresser la trompe* ».

Volontiers traditionaliste, elle est hostile à la féminisation des titres. « Le » député des Pyrénées-Atlantiques préférera donc être appelé « madame "LE" président ». Sa candidature est pourtant née d'une plaisanterie, lors d'une soirée entre amis, au mois de juillet. Le RPR est au plus mal. Des conseillers de l'Élysée s'activent déjà autour de Jean-Paul Delevoye. « *Et si l'on présentait une femme !* », lance un convive. L'idée fait son chemin tout au long de l'été. Michèle Alliot-Marie est embarrassée, car elle prépare la sortie de son dernier livre, *La République des irresponsables* (éditions Odile Jacob), mais elle consulte tour à tour tous les dignitaires du gaullisme, y compris le président de la République, qui ne met pas son veto. Après le retrait, le 14 septembre, de Nicolas Sarkozy, elle redoute qu'un nouvel affrontement interne, entre chiraquiens et séguinistes, ne fasse « *péter le mouvement* ». Elle se déclare le 21 septembre, dans un café de Saint-Germain-des-Prés, *Le Flore*. Ce sera sa seule concession à ce côté bon chic, bon genre qu'on lui reproche parfois.

Car, pour le reste, Mme Alliot-Marie sait faire : entre le 4 octobre, date du début de sa campagne, à Vanves, dans les Hauts-de-Seine, et le premier tour de scrutin, le 20 novembre, la candidate a animé quatre-vingt-treize réunions dans quatre-vingt-quatre départements et parcouru près de 40 000 kilomètres, l'équivalent du tour de la Terre. « *Pour faire campagne, il faut savoir faire trois choses, m'a conseillé un jour Chirac. Il faut savoir serrer des mains, savoir dormir pendant les déplacements et faire pipi dès que possible* », plaisante-t-elle.

Dès son plus jeune âge, Mme Alliot-Marie est « *tombée dans le chaudron* », comme elle dit, de la politique. Son père, Bernard Marie, a été député, de 1967 à 1981, et maire de Biarritz, de 1977 à 1991. Ancien chef du service du contentieux à la Banque de France et ancien arbitre international de rugby, celui-ci se voit proposer, peu après son élection à l'Assemblée nationale, le portefeuille de la Jeunesse et des Sports. Il refuse, au prétexte qu'il débute en politique. Mais un député de la même « promotion », élu en Corrèze et aussitôt nommé secrétaire d'État aux Affaires sociales, chargé des problèmes de l'emploi, passe déjeuner, un jour, chez « les Marie ». Jacques Chirac – car c'est bien de lui qu'il s'agit – s'enquiert déjà personnellement de l'avenir de la jeune Michèle.

Étudiante en droit, âgée de vingt et un ans, Michèle Alliot-Marie n'imagine pas, alors, de s'engager dans une carrière politique. Bûcheuse, elle se voit plutôt dans la peau d'une technicienne du droit, ce qu'elle deviendra, du reste. Commandeur de l'Étoile équatoriale du Gabon, titulaire des palmes magistrales du Pérou et de bien d'autres décorations, Mme Alliot-Marie a effectué de nombreuses expertises juridiques à l'étranger. Elle a notamment participé à la rédaction de la Constitution de la République islamique des Comores et à celle d'un code civil et pénal pour le Kivu. À la fin des années 1960, elle se prépare donc à accumuler les diplômes : doctorat en droit, doctorat en sciences politiques, certificat de droit et d'économie des pays d'Afrique, maîtrise d'ethnologie. Mais un premier déclic survient lors des événements de Mai 1968. « *J'ai pris la parole, un jour, devant un amphi bondé. C'était totalement à contre-courant de ce qui se disait, mais les gens m'ont écoutée* », se souvient-elle. Mlle Marie se retrouve très vite dans un petit groupe de jeunes gens venus d'horizons divers et chargés de réfléchir à la réforme de l'Université.

Discrète, comme toujours dès lors qu'il s'agit de sa vie privée, elle ne dit rien du rôle joué à cette époque par un de ses professeurs, Michel Alliot, qui deviendra plus tard son mari. Après la révolte de mai, celui-ci devient directeur de cabinet du nouveau ministre de l'Éducation nationale, Edgar Faure. En 1972, elle est elle-même appelée au cabinet d'Edgar Faure, devenu ministre d'État, ministre des Affaires sociales. Imitant le fameux zézaiement de l'ancien président du conseil de la IVe République, Michèle Alliot-Marie raconte : « *J'ai reçu un coup de fil chez moi, un soir vers 23 heures. Le ministre d'État voulait me voir tout de suite, à son domicile. Je m'y rends, on me fait entrer dans la chambre. Il était déjà au lit et jouait au Scrabble avec son épouse, Lucie Faure. "Ma petite Mizèle, z'ai besoin de vous..." C'est comme ça que j'ai découvert l'univers des cabinets ministériels et que j'ai appris très vite que, pour y signifier l'étendue de son pouvoir, il faut avoir un abat-jour plus grand que celui des autres !* »

La nouvelle chargée de mission « suit », tout à la fois, l'application de la loi de 1971 sur la formation permanente, la jeunesse et l'Europe sociale. Elle participe aussi au Comité d'études pour un nouveau contrat social, lancé par Edgar Faure, qui prône la constitution de « majorités d'idées ». Puis les étapes s'enchaînent : cabinet du ministre des départements et territoires d'outre-mer, Bernard Stasi, en 1973 ; cabinet du secrétaire d'État aux universités, Jean-Pierre Soisson, en 1974 ; cabinet de la ministre des universités, Alice Saunier-Seïté, de 1976 à 1978. C'est alors que Bernard Marie fait appel à sa fille pour en faire sa suppléante à l'Assemblée. Ils sont élus dès le premier tour dans leur fief du Pays basque. « *Elle pouvait reprendre son travail d'universitaire tout en faisant avancer les dossiers dans les ministères, tandis que, moi, je m'occupais de la circonscription sur le terrain* », explique aujourd'hui l'ancien député.

Une fois encore, Jacques Chirac s'intéresse à la jeune femme et veut la faire adhérer au RPR. « *Je lui ai répondu quelque chose du genre : je ferai comme vous, je prendrai ma carte quand je dirigerai le parti* », dit-elle. Mais, en 1981, « *choquée par l'intolérance* » qui accompagne, selon elle, l'arrivée de la gauche au pouvoir, elle crée l'Association de défense des droits et des libertés, présente dans quarante-sept départements, et devient, toujours sans avoir la carte du mouvement, secrétaire nationale du RPR chargée de la fonction publique, puis de l'enseignement.

Aux élections législatives de 1986, le président du RPR lui donne le choix entre Paris et les Pyrénées-Atlantiques. Elle préfère garder son indépendance en assurant la succession familiale dans son département d'origine. La liste RPR-UDF obtient trois élus, Jean Gougy, François Bayrou et Michèle Alliot-Marie. La nomination immédiate de celle-ci comme secrétaire d'État chargée de l'enseignement auprès du ministre de l'Éducation nationale, René Monory, permet au suivant de liste, Alain Lamassoure, d'entrer à l'Assemblée nationale. « *Je n'étais que moyennement motivée pour entrer au gouvernement, mais je n'ai pas vraiment eu le choix. Une fois encore, le téléphone a sonné vers 23 heures, alors que j'étais en train de bouquiner. Chirac m'a dit que j'aurais des pouvoirs étendus.* » De fait, la secrétaire d'État a rapidement des relations tendues avec son ministre.

Après la première cohabitation, Michèle Alliot-Marie se retrouve au Parlement européen et devient secrétaire générale adjointe du RPR, auprès d'Alain Juppé, chargé des affaires européennes. Elle entre aussi au conseil municipal de Biarritz, avec l'objectif de succéder un jour à son père. La manœuvre échoue, et elle est contrainte de se replier sur Saint-Jean-de-Luz, d'abord comme conseiller général, puis comme maire, en 1995, après un passage de deux ans au ministère de la Jeunesse et des Sports. « *On dit souvent qu'il y a un clan Marie. C'est vrai, au fond, mais c'est notre façon de nous protéger* », reconnaît-elle.

Le Pays basque est son refuge : « *Je ne maîtrise pas complètement la langue, mais j'en sais suffisamment pour chanter la messe en basque et insulter mes adversaires.* » Hostile à la création d'un département basque, elle n'a jamais eu de problèmes avec les nationalistes. « *C'est dû au respect de la parole donnée* », explique-t-elle. Dans les Pyrénées-Atlantiques, elle entretient des relations cordiales avec le président de l'UDF, François Bayrou, dont elle est la première vice-présidente au conseil général. C'est un atout, a-t-elle fait valoir pendant la campagne, pour réengager le dialogue au sein de l'opposition. Entre la Basquaise et le Béarnais, universitaire comme elle, mais sans doute trop dilettante à ses yeux, c'est chacun chez soi. « *Quand je le rencontre, j'ai toujours mon petit couteau dans la poche, pour me défendre* », confie madame « le » président.

7 décembre 1999, Jean-Louis Saux

UN NOUVEAU PARTI.
TU SAIS QU'IL A FALLU ÇA POUR RECONQUÉRIR MON MEC !!
Catherine Beaunez

VI – LES FEMMES ET L'EXTRÊME DROITE

Le paradoxe n'est qu'apparent : l'extrême droite célèbre la mère au foyer mais compte beaucoup de militantes et des élues. En fait, on y trouve un certain nombre d'épouses ou de filles de dirigeants. Ainsi, Catherine Mégret se présente à Vitrolles pour « soutenir » son mari devenu inéligible, Marie-France Stirbois se lance en politique sur les traces de son mari, décédé. Dans les partis dits républicains, certaines femmes élues font de la lutte contre le Front national un combat symbolique.

Les épouses d'élus d'extrême droite

PORTRAIT

Catherine Mégret [1] ou l'archétype de la femme en politique revue par le lepénisme

L'épouse de Bruno Mégret est devenue une aubaine pour un parti qui veut rassurer.

Il y a dix jours, les affiches la présentaient derrière son mari la main posée sur son épaule. À partir du 3 février, Catherine Mégret posait seule sur les affiches à Vitrolles. Son mari, Bruno Mégret, délégué général du parti d'extrême droite, n'avait certes pas renoncé à diriger, par procuration, la ville qui fait partie de la douzième circonscription des Bouches-du-Rhône, objet de ses espoirs législatifs en 1998, mais entre-temps, il y avait eu le premier tour de la municipale partielle. Mme Mégret y avait rassemblé 46,69 % des voix, soit plus de trois points de mieux que M. Mégret au premier tour de 1995 (43,04 %).

Ces points supplémentaires ont été décortiqués. Les analystes maison ont conclu que cette candidate, finalement, n'était pas un si mauvais cheval, malgré les craintes que faisaient peser ses gaffes et son inculture politique. Sa spontanéité, son langage direct, souvent trivial, mais toujours accompagné d'un sourire, et son ambition de se battre pour son mari « *injustement écarté de la campagne* », sont devenus des atouts : une contre-image à « la classe politique », cet « *établissement* » tant décrié par les lepénistes. Mieux, Mme Mégret est devenue une aubaine pour un parti qui cherche à rassurer, un supplément d'âme à son mari, dont la froideur technocratique et idéologue rebute certains.

Le Front national a appris à gérer sa propre image. Il n'hésite pas à mettre les femmes en avant, surtout quand cela ne comporte pas de risque. Lors des élections sénatoriales de septembre 1995, il s'est fait un peu de publicité en présentant une liste intégralement féminine dans les Hauts-de-Seine, où il ne pouvait prétendre à aucun siège. Le parti de Jean-Marie Le Pen valorise la présence des femmes sur ses listes. Il omet cependant de souligner leur place : une position bien souvent inéligible. Pas plus qu'il ne précise les motifs qui, fréquemment, expliquent le recrutement des candidates : l'incapacité à trouver un nombre suffisant de candidats. Les exemples pullulent d'épouses, de filles, de sœurs ou de secrétaires du FN enrôlées in extremis pour boucler les listes.

« *Je ne suis pas un adepte de l'arithmétique sexuelle* », s'était

1. Catherine Mégret (MNR) est aujourd'hui maire de Vitrolles.

exclamé M. Le Pen, devant les journalistes qui remarquaient qu'une seule femme figurait parmi les dix premiers candidats aux élections européennes de 1994. Le chef de file de l'extrême droite estime généralement que la femme doit se consacrer à son rôle de mère et d'épouse. Simple faire-valoir, la femme lepéniste ne doit pas faire ombrage à son époux. Son rôle politique, elle l'obtient en faisant ses preuves associatives, telle Mireille d'Ornano, présidente de Fraternité française, une association caritative, ou parfois comme chef d'entreprise. Il y a aussi les jeux d'alliances comme pour Cendrine Le Chevallier, épouse du maire de Toulon, mais surtout fille de Marcel Chereil de la Rivière, royaliste et industriel fortuné. Le militantisme acharné a servi Marie-Claude Bompard, femme du maire d'Orange, et le veuvage n'a pas été indifférent à l'ascension de Marie-France Stirbois.

« Regardez cette blondasse... »

« Les femmes ne sont pas portées à la bataille politique comme le sont les hommes », a expliqué M. Le Pen, dimanche 9 février 1997, au « Club de la presse » d'Europe 1. Aussi ne veut-il pas les *« forcer à prendre des postes qu'elles ne désirent pas prendre »*. Pour autant, il trouve Mme Mégret *« tout à fait agréable et charmante »*. Les sympathisants de la dame n'ont-ils pas montré qu'ils étaient prêts à tout accepter ? Des textes ânonnés en public, des grimaces et une langue tirée aux adversaires, une vulgarité déconcertante chez une fille de bonne famille, élevée dans le 16e arrondissement de Paris, et des excès de langage qui traduisent abruptement une pensée. *« Regardez cette blondasse qui renie sa race »*, a-t-elle lancé à une opposante sur le marché. Pour elle, *« des inégalités, il y en a toujours eu. Il en faut. Il faut des riches pour faire travailler les pauvres et les ouvriers doivent respecter les patrons ! »*

Mme Mégret, mère d'un petit garçon de trois ans, va vers ses trente-huit ans. Enfant d'une famille désunie, elle descend, du côté de son père, de Russes blancs d'origine juive immigrés en France dans les années 1920, et, du côté de sa mère, de Français et de Luxembourgeois. En conflit avec ses parents, elle cherche très vite à prendre son indépendance : elle part à l'université de Cambridge (Angleterre) après son baccalauréat. De retour en France, elle devient chef de publicité dans le bimestriel de voile *Régate*. Ce sont, explique-t-elle, « des amis » qui l'ont présentée à M. Mégret en 1990. Elle ne militait pas.

Présentée comme « l'ambassadrice des Vitrollais », Mme Mégret explique qu'elle s'occupera surtout des affaires sociales et du contact avec les habitants, tandis que son mari prendra les grandes décisions. Le premier adjoint, Hubert Fayard, gérera le quotidien. Elle affirme ne plus vouloir se présenter à une élection.

11 février 1997, Christiane CHOMBEAU

Des femmes contre le Front national

PORTRAIT

Catherine Trautmann[1] veut que les citoyens reprennent « goût au débat politique »

« *Il y a un moment où il faut marquer la limite à ne pas franchir, alors j'ai décidé d'y aller.* » Cette phrase illustre la détermination de Catherine Trautmann, maire (PS) de Strasbourg, à combattre Jean-Marie Le Pen et son mouvement. Lorsqu'elle apprend que le Front national a décidé de tenir son congrès annuel pendant le week-end pascal à Strasbourg, elle accepte le défi. « *Interdire la réunion de l'extrême droite dans ma ville aurait déplacé sur le plan de la loi la question politique* », explique-t-elle.

Parce que M. Le Pen met en danger la « *cohésion sociale* » et la « *paix civile* », parce qu'il croit venir en « *terre conquise* » défier un maire anti-FN et troubler « *le message d'espoir et de salut de Pâques* », le premier magistrat de Strasbourg « *en appelle aux citoyens* ». Mme Trautmann suscite débats et confrontations, favorise la création d'associations et de collectifs antiracistes, prend langue avec l'UDF et le RPR. En février, le conseil municipal toutes tendances confondues vote une motion contre la venue de M. Le Pen. Dans le texte commun, la majorité socialiste accepte de faire référence à l'engagement de Jacques Chirac contre l'extrême droite. Le pacte républicain est appliqué.

Lorsque Justice et libertés la sollicite pour organiser une manifestation populaire, elle appuie l'idée sans réserve. Elle a pourtant connu, sur ce terrain, deux cuisants échecs dans le passé. À la fin de 1992, quand elle a appelé à une mobilisation contre la réunion électorale de M. Le Pen pendant la campagne législative, elle n'a réuni que cinq cents personnes. En 1995, à trois mois des élections municipales, quand elle veut renoulever l'opération pour l'élection présidentielle, elle ne rassemble que mille personnes. Cette fois, elle prend à nouveau le risque car « *il ne faut jamais renoncer à ses convictions fondamentales* ». Surtout pas pour des préoccupations électoralistes.

L'opération prend forme. La nécessité de « *faire parler les gens du Front national, pour qu'ils n'aient plus peur de discuter de ses provocations et de ses thèses racistes* », l'incite à accélérer le mouvement. Pour casser le « *monopole* » du FN, les « *citoyens doivent reprendre goût au débat politique duquel ils se sentent exclus* ».

---

1. Tête de liste aux élections municipales de mars, Mme Trautmann a été battue par la maire sortante, Marie-José Roig (RPR).

Le maire n'est pas peu fier de la remarque d'un de ses administrés : « *Je suis heureux de voir à nouveau la parole circuler entre les Strasbourgeois.* »

Le « paradoxe » alsacien

Mais la droite alsacienne lâche le maire, en annonçant qu'elle ne participera pas au cortège du 29 mars. Pour trouver un terrain d'entente, Mme Trautmann décide de se retirer du carré de tête, où elle aurait dû être placée en sa qualité de maire. En vain.

Du coup, elle n'a jamais été aussi sévère à l'encontre de ses adversaires républicains. « *Dans cette région, on a peur du débat politique,* affirme-t-elle, *et on se cache régulièrement derrière l'identité culturelle pour éviter les questions délicates.* » Enfonçant le clou, elle explique qu'il faudra bien discuter du « *parodoxe* » qui consiste pour les Alsaciens à voter à 65 % en faveur du traité de Maastricht en 1992 et à 25 % pour l'anti-européen Le Pen à la présidentielle de 1995. « *C'est vrai,* admet-elle, *j'ai décidé de mettre les pieds dans le plat.* »

Mais le maire de Strasbourg préfère, pour l'heure, revenir à « sa » manifestation, « *joyeuse et bon enfant* », même si la fierté et le bonheur qu'elle lui procure ont été entachés par les provocations des casseurs. « *Certes, ça a marché, mais on n'est pas quittes pour autant,* dit-elle, prudente, *car le combat ne fait que commencer.* » Mme Trautmann est persuadée que « *le mouvement populaire a été compris* » et qu'« *il va se poursuivre* ». « *Les citoyens doivent reprendre goût au débat et à la politique* », réaffirme-t-elle. Pour que, ajoute-t-elle, « *les différences, sinon les désaccords, nourrissent la démocratie, à condition que subsiste le pacte républicain* ».

1er avril 1997, Marcel SCOTTO

POLITIQUE
Catherine Beaunez

VII – LIONEL JOSPIN ET LES FEMMES

Lionel Jospin a tiré les enseignements du passé. Plus question de nommer des « potiches » ni de délaisser les voix précieuses des femmes qui constituent environ 53 % du corps électoral. Durant les trois premières années de la législature, on aura vu souvent Martine Aubry, numéro deux du gouvernement (jusqu'à l'arrivée de Laurent Fabius) présenter à l'Assemblée nationale ses projets de loi sur les emplois-jeunes, les 35 heures, la lutte contre les exclusions, et tacler la droite lors des questions d'actualité, les mardis et mercredis, tandis qu'Élisabeth Guigou, première femme garde des sceaux, défendait le PACS et la réforme de la justice.

Les femmes sont présentes au sommet de l'État et, avec la parité, appliquée pour la première fois aux municipales de mars 2001, elles arrivent en masse dans les conseils municipaux (47,5 % d'élues dans les communes de plus de 3 500 habitants, contre 22 % auparavant). La « révolution » ne fait que commencer...

Soixante-trois femmes élues députées aux législatives de juin 1997 dont 42 PS

Pour la première fois, plus de 10 % des députés sont des femmes

Soixante-trois femmes ont été élues lors de ces élections législatives. Un premier décompte avait fait état de 62 députées. Elles n'avaient été que 35 élues en 1993. La féminisation du Palais-Bourbon est notable : la proportion de femmes parmi les députés double, passant de 5,3 % à 10,91 %. C'est la première fois depuis que les Françaises ont obtenu le droit de vote et celui d'être éligibles, en 1944, que le seuil des 10 % de mixité parmi les députés est dépassé.

Tout triomphalisme doit cependant être pondéré, même si ces élections législatives permettent à la France de ne plus être le plus mauvais élève de l'Europe. Elle n'est plus que l'avant-dernier, devant la Grèce. La France gagne une place mais ne parvient pas à dépasser la Grande-Bretagne : il y a juste un mois, le nombre de femmes à la Chambre des communes britannique a doublé (de 62 à 120), dépassant la centaine d'élues pour la première fois dans l'histoire politique du pays.

En France, l'arrivée de femmes au Palais-Bourbon est due à la volonté du Parti socialiste de présenter un tiers de candidates. Quarante-deux candidates PS ont été élues sur un total de 246 députés socialistes, soit 17,07 %. « *Nous avons prouvé que lorsque l'on cherche des femmes pour être candidates, on en trouve, et en plus, elles sont élues* », commente Sylvie Guillaume, secrétaire nationale chargée des droits des femmes. Dans l'Assemblée sortante, le PS ne comptait que 4 femmes : Ségolène Royal, Frédérique Bredin, Véronique Neiertz et Martine David. Les Verts ont 3 femmes députées sur 8 élus. Le parti communiste, 5 sur 37.

À droite, les femmes sont des exceptions. Le RPR n'a plus que 5 femmes sur 140 élus (3,57 %), et l'UDF, 7 sur 109 (6,42 %). L'une des rescapées, Roselyne Bachelot, réélue dans la première circonscription du Maine-et-Loire, est aussi la présidente de l'Observatoire de la parité qui a relancé le débat sur la participation des femmes à la vie publique. « *Je ne peux que me réjouir de voir que le nombre de femmes élues à l'Assemblée nationale est moins minable*, nous a-t-elle déclaré, *mais aucun élément ne permet de penser qu'il s'agit là d'une évolution irréversible.* »

Yvette Roudy, qui retrouve son siège de député, partage cette analyse : « *Seulement 10,91 % de femmes parlementaires, cela reste négligeable. Nous sommes 17 % au sein du groupe socialiste, c'est déjà bien, cela signifie que l'on sera obligé de faire attention à nous.*

Mais il faut rester vigilantes et obtenir qu'une loi soit votée » pour accroître cette féminisation.

4 juin 1997, Michèle AULAGNON

Extrait du discours de Lionel Jospin à l'Assemblée nationale, le 19 juin 1997

« *La modernisation de notre démocratie ne suppose pas seulement des réformes institutionnelles ; elle nécessite de profonds changements culturels.*

Il faut d'abord permettre aux Françaises de s'engager sans entraves dans la vie publique. Dans ce domaine, le progrès passe d'abord par l'évolution des mentalités et le changement des comportements. Les socialistes et la majorité ont montré l'exemple, tracé le chemin. Il faut aller plus loin. Une révision de la Constitution, afin d'y inscrire l'objectif de la parité entre les femmes et les hommes, sera proposée. »

La dure vie des « femmes quota » du PS

La campagne a parfois viré au cauchemar pour les candidates socialistes auxquelles le PS avait décidé de réserver 30 % des circonscriptions lors des élections législatives de 1997. Barrer la route aux « femmes quota » est alors devenu l'« obsession » de certains collègues masculins, frustrés d'avoir été mis hors course, racontent Philippe Bataille (sociologue) et Françoise Gaspard (sociologue, ancienne maire PS de Dreux) dans un ouvrage intitulé *Comment les femmes changent la politique et pourquoi les hommes résistent* (La Découverte).

Sans jamais citer le nom des indélicats, les deux auteurs décrivent les mille et une manières qui ont été utilisées pour gêner l'investiture des candidates. Le « *stratagème le plus fréquent* » a consisté à susciter la candidature d'une autre femme, jugée moins dangereuse pour l'avenir : « *L'oiseau rare était alors la militante dépourvue de toute ambition* » ou « *parfois l'épouse – ou la compagne – du candidat frustré.* » D'autres ont tenté de déstabiliser la candidate, via la presse locale : dans la cinquième circonscription de Meurthe-et-Moselle, Nicole Feidt a subi les assauts d'un ancien député « *battu en 1993* » et bien décidé à « *récupérer* » son mandat, ce qui n'a pas empêché Mme Feidt d'emporter le siège. Parachutée dans une circonscription difficile, Laurence Rossignol, elle, n'a pas résisté à la campagne de celui qui estimait être le « *candidat naturel* » et lui a « *pourri la vie* » durant des semaines. Il y a eu, aussi, ce député socialiste du Nord qui, envers et contre tout, s'est présenté en « *franc-tireur* » face à Jacqueline Bard, conseillère municipale. À l'issue du premier tour, aucun des deux n'a pu se maintenir. Le candidat RPR a finalement été élu avec les voix de la gauche pour contrer le Front national...

Dans 40 % des circonscriptions, il y a eu pluralité de candidatures, racontent les auteurs. Comme si l'application d'un quota avait encouragé les femmes à tenter leur chance. L'ancienne députée Dominique Gillot, secrétaire d'État à la Santé, confie qu'elle n'aurait « *pas fait acte de candidature* » si sa circonscription du Val-d'Oise n'avait pas été réservée. C'est aussi la preuve, concluent les auteurs, qu'il ne faut pas prendre trop au sérieux les réactions alarmistes des élus qui assurent qu'« *on ne trouvera pas de femme* ». Un refrain qui revient en force aujourd'hui, alors que les partis devront trouver 50 % de candidates lors des prochaines municipales...

3 décembre 1999, Clarisse FABRE

« Rapporteuse, ça fait cafteuse ! »

L'Assemblée nationale a donné le « la ». Désormais, on dira « la députée » et non plus « madame le député ». Ainsi en a décidé son bureau, jeudi 14 mai, au terme d'un long débat. Désormais, on lira, à l'article 19 de l'instruction générale du bureau, que « les noms des députés et des députées sont publiés au Journal officiel », et non plus seulement les noms de « MM. les députés ». Une belle victoire pour la députée Yvette Roudy (PS, Calvados). Cette militante féministe se souvient de sa colère lorsque, à son arrivée au ministère des Droits de la femme, en 1981, son papier à en-tête indiquait « le ministre ». « *Je n'ai pas changé de sexe en devenant ministre !* », s'exclame-t-elle, dans les couloirs de l'Assemblée.

Féminiser les titres professionnels est, pour elle, une question d'« identification ». A contrario, les « masculiniser », c'est « *une manière de faire disparaître les femmes des lieux de pouvoir* », analyse la députée gaulliste Roselyne Bachelot-Narquin (Maine-et-Loire). Finalement, régler cette question en plein débat sur l'exclusion, « *c'est pas si futile que ça* », sourit-elle. Pourtant, la plupart de ses collègues masculins du RPR mettent un point d'honneur à dire « madame le »... Si elle qualifie cette attitude d'« *hystérie* », elle ajoute aussitôt qu'elle la comprend : « *Lionel Jospin a fait de la féminisation des titres un argument marketing. Dire "la députée", c'est faire le jeu des socialistes* », assure-t- elle.

L'idée de la « parité linguistique », l'expression consacrée des

Verts, mûrit lentement. Pourtant la question n'est pas neuve. En 1986, une circulaire de Laurent Fabius, alors premier ministre, demandait de « veiller » à utiliser les règles permettant de féminiser les titres professionnels, que venait d'édicter la commission de terminologie de féminisation. Las, elle ne fut guère appliquée. Lionel Jospin ne manque pas de le souligner dans sa propre circulaire du 6 mars 1998, qui propose d'accélérer « *l'évolution en cours* », engagée par les femmes « *appartenant à l'actuel gouvernement* ». L'Assemblée saisit la balle au bond : pour M. Fabius, c'est aussi une belle occasion de marquer la séparation des pouvoirs.

La guerre de la féminisation des titres n'est pas terminée. Jeudi soir, Nicole Catala, vice-présidente de l'Assemblée, a fait son entrée dans l'hémicycle sous un retentissant : « *Madame* LE *Président* » ! Cette polémique fait « sourire » André Santini (UDF, Hauts-de-Seine), vice-président de l'Assemblée : « *Que les femmes se fassent appeler comme elles veulent !* »

Restent des questions techniques. Comment féminiser le mot « rapporteur » ? « *Rapporteuse, ça fait cafteuse !* », rejette Yves Cochet, vice-président de l'Assemblée, avec la moue. Un « copain socialiste » de M. Cochet proposerait de féminiser « garde des Sceaux » par « gardienne des sottes »...

16 mai 1998, Clarisse FABRE

Le scrutin uninominal majoritaire freine la progression de la mixité chez les élus
par Mariette Sineau, directrice de recherche au CNRS-Cevipof (Centre d'étude de la vie politique française)

En matière de féminisation, les législatives de 1997 ont été des élections de rupture. Le pari du Parti socialiste de jouer le renouvellement par les femmes s'est révélé gagnant. Présentant 28 % de candidates (plus que la moyenne générale de 23 %), il en compte parmi ses élus 17 %, contribuant à ce que, pour la première fois de l'histoire politique française, les femmes députées dépassent le seuil symbolique de 10 %.

Succédant à ce scrutin législatif, les élections régionales et cantonales du printemps 1998 sont riches d'enseignements. Les régionales ont été marquées par une explosion du nombre de candidates et d'élues. Les candidates, toutes tendances confondues, ont progressé de 27 % en 1992 à 37 % en 1998. Quant aux élues, leur part est passée de 13 % à 26 %. En revanche, les cantonales n'ont pas entraîné une dynamique semblable. La proportion de candidates a stagné à 15 % (13 % en 1994) et celle des élues à 8 % (contre 5 %). Aux régionales, l'analyse de la distribution des candidatures féminines par tendance politique révèle que le PC fidèle à ses habitudes a été le plus audacieux, présentant 43 % de femmes, suivi par le PS (39 %) et les Verts (35 %). Mais il est frappant de constater que la droite parlementaire n'a guère été en reste, avec un tiers environ de candidates (34 % au RPR et 32 % à l'UDF). C'est cependant le PS qui les a placées aux meilleurs rangs, puisqu'il a obtenu, proportionnellement, le plus grand nombre d'élues (35 %), suivi de très peu par les Verts (34 %), puis par le RPR (27 %), le PCF (26 %), l'UDF (23 %) et, loin derrière, le Front national (17 %).

De 1992 à 1998, le processus de féminisation s'est répandu partout, non seulement chez les socialistes, au PC et chez les Verts (les deux formations classiquement les plus féministes), mais aussi à droite, le Front national lui-même participant avec retard au mouvement. Tout se passe comme si la politique socialiste des quotas, conduite avec succès aux législatives, avait exercé un effet de contagion. À défaut d'adopter des mesures autoritaires formelles, tous les partis ont dû se résoudre à féminiser leurs listes, par crainte de décevoir un électorat aspirant à voir ses élites se renouveler et les femmes y prendre une plus grande place.

Les cantonales viennent tempérer ce constat. Les grands partis sont apparus sous un jour moins féministe. Seul le PS a fait un petit effort pour investir davantage de femmes qu'au scrutin de 1994. Malgré cela, il ne compte que 11 % d'élues aux conseils généraux, devancé par le PC, qui en obtient 16 %. Les autres partis n'ont guère réussi à entamer le monopole masculin dans la distribution des investitures gagnantes : l'UDF ne compte que 9 % de femmes parmi ses élus, et le RPR moins encore : 4 %. L'effet d'entraînement, perceptible aux régionales, ne s'est pas confirmé pour les cantonales.

Le test des européennes

L'explication de cette différence tient pour beaucoup aux modes de scrutin qui régissent les deux types d'élections et qui n'autorisent pas les mêmes stratégies partisanes. Les régionales se déroulent avec un scrutin de liste à la proportionnelle, c'est-à-dire un système qui permet aux états-majors des partis d'être les maîtres de la composition des listes, et donc de pouvoir jouer la carte de la féminisation. Les cantonales ont lieu au scrutin uninominal majoritaire, qui redonne voix aux notables locaux contre les appareils. C'est peut-être avec le sentiment de défendre leur dernier pré carré politique que les hommes ont tenu à rester entre eux au sein des conseils généraux.

La preuve est ainsi faite que, sans règle partisane coercitive, le scrutin uninominal qui donne la prime au sortant et au notable local est « dur » aux femmes, beaucoup moins bien dotées par l'histoire sous ce double registre. Les élections européennes, qui se dérouleront en juin 1999 à la proportionnelle de liste, auront valeur de test quant à la volonté des partis d'accélérer la féminisation de la démocratie. Tout porte à croire que, pour ce scrutin, l'onde de choc amorcée aux législatives se poursuivra et permettra à plusieurs grandes formations sinon d'atteindre la parité, du moins de s'en approcher.

31 octobre 1998

La révision constitutionnelle sur la parité

Le vote des parlementaires

Le Congrès a adopté, lundi 28 juin, le projet de réforme constitutionnelle en faveur de la parité hommes-femmes en politique, par 741 voix contre 42. La majorité requise – des trois cinquièmes des suffrages exprimés – était de 470 voix.

L'article 3, dernier alinéa, de la Constitution prévoit que « la loi favorise l'égal accès des femmes et des hommes aux mandats électoraux et fonctions électives ».

L'article 4 ajoute que les partis et groupements politiques « contribuent à la mise en œuvre » de ce principe.

Parmi les députés. Ont voté pour : 239 PS sur 251 ; 109 RPR sur 138 ; 61 UDF sur 70 ; 25 DL sur 44 ; les 35 élus communistes ; les 34 élus du groupe Radical, Citoyen et Vert ; 2 non-inscrits, Marc Dumoulin et André Thien Ah Koon.

Ont voté contre : 3 RPR (Jean Auclair, Jean-Paul Charié et Thierry Lazaro) ; 4 UDF (Christine Boutin, Bernadette Isaac-Sibille, Christian Martin et Pierre Micaux) ; 5 DL (Laurent Dominati, Gilbert Gantier, Claude Gatignol, François Goulard et Aimé Kerguéris).

Se sont abstenus : 7 RPR (Olivier de Chazeaux, Xavier Deniau, Jean-Pierre Dupont, Lucien Guichon, François Guillaume, Didier Julia et Roland Vuillaume) ; 2 UDF (Hervé Morin et Michel Voisin) ; 6 DL (Antoine Carré, Franck Dhersin, Dominique Dord, Pierre Lequiller, Michel Meylan et Alain Moyne-Bressand).

N'ont pas pris part au vote : 12 PS (Jean-Pierre Blazy, Jean-Paul Dupré, Yves Durand, Jean-Paul Durieux, Jean Espilondo, Joël Goyheneix, Jérôme Lambert, Jack Lang, Daniel Marsin, Gérard Revol, Michèle Rivasi et Gilbert Roseau) ; 19 RPR

(Michèle Alliot-Marie, Jean-Charles Cavaillé, Jean Charroppin, Alain Cousin, Éric Doligé, Nicolas Dupont-Aignan, François Fillon, Roland Francisci, Jean-Claude Guibal, Jean-Jacques Guillet, Gérard Hamel, Lionnel Luca, Franck Marlin, Jean Marsaudon, Philippe Martin, Charles Miossec, Jacques Myard, Jean Valleix et François Vannson) ; 3 UDF (Jean-Louis Borloo, René Couanau et Valéry Giscard d'Estaing) ; 8 DL (Dominique Bussereau, Pierre Cardo, Nicolas Forissier, Marc Laffineur, Alain Madelin, Yves Nicolin, Paul Patriarche et Joël Sarlot) ; 3 non-inscrits (Charles Millon, Jean-Pierre Soisson et Philippe de Villiers).

Parmi les sénateurs. Ont voté pour : 61 RPR sur 99 ; 76 PS sur 78 ; 42 centristes sur 52 ; 22 Républicains et Indépendants sur 47 ; 17 élus du Rassemblement démocratique, social et européen sur 23 ; les 16 élus communistes ; 2 non-inscrits, Hubert Durand-Chastel et Alfred Foy.

Ont voté contre : 14 RPR (Dominique Braye, Jean Chérioux, Bernard Fournier, Philippe François, François Gerbaud, André Jourdain, Christian de la Malène, Philippe Marini, Jacques Peyrat, Henri de Richemont, Jean-Jacques Robert, Jean-Pierre Schosteck, Martial Taugourdeau et Alain Vasselle) ; 5 centristes (Philippe Arnaud, André Bohl, Serge Franchis, Alain Lambert et Michel Souplet) ; 8 RI (Jean-Paul Bataille, James Bordas, Louis Boyer, Jean Clouet, Jean-Léonce Dupont, Jean-Paul Emin, Guy Poirieux et Ladislas Poniatowski) ; 1 RDSE (Jacques Bimbenet-UDF) ; 2 non-inscrits (Philippe Darniche et Bernard Seillier).

Se sont abstenus : 13 RPR (Jean Bernard, Jean Bizet, Gérard Braun, Louis de Broissia, Gérard César, Jean-Paul Delevoye, Patrice Gélard, Emmanuel Hamel, Roger Husson, Dominique Leclerc, Bernard Murat, Jacques Oudin et Jacques Valade) ; 4 centristes (Denis Badré, Maurice Blin, André Dulait et Louis Moinard) ; 13 RI (José Balarello, Jean Boyer, Jean-Claude Carle, Jean Delaneau, Jean-Paul Emorine, René Garrec, Louis Grillot, Anne Heinis, Serge Mathieu, Jean Pépin, Bernard Plasait, Henri Revol et Henri Torre) ; 1 RDSE (Jean-Pierre Fourcade-UDF) ; 2 non-inscrits (Philippe Adnot et Alex Türk).

N'ont pas pris part au vote : 11 RPR (Michel Caldaguès, Robert Calmejane, Charles de Cuttoli, Désiré Debavelaere, Michel Doublet, Philippe de Gaulle, René-Georges Laurin, Jean-François Legrand, Paul Masson, Paul d'Ornano et Charles Pasqua) ; 2 PS (Robert Badinter et Pierre Biarnès) ; 1 centriste (René Marquès) ; 4 RI (Christian Bonnet, Ambroise Dupont, Jacques Larché et Roland du Luart) ; 4 RDSE (Paul Girod, Georges Mouly, Jacques Pelletier et André Vallet).

30 juin 1999

Marianne ou Marcel ?
par Éric Fassin, sociologue, américaniste, professeur à l'École normale supérieure

Les maires de France voteront bientôt pour choisir la Marianne de l'an 2000 : la République prendra-t-elle cette fois encore les traits d'un mannequin (Estelle Hallyday ou Laetitia Casta), ou bien, de nouveau, ceux d'une chanteuse (Patricia Kaas), à moins d'innover en consacrant une star de l'empire TF1 (Nathalie Simon ou Daniela Lumbroso) ?

Il serait sans doute malvenu de souligner qu'à la différence des champions du monde de football, ou même des prétendantes à la couronne de Miss France, la palette de ces blanches beautés ne décrit pas l'arc-en-ciel de nos concitoyennes : Marianne représente la République, et non la nation dans sa diversité, c'est-à-dire qu'elle est symbolique, et non représentative.

En revanche, on peut revenir sur une évidence : pourquoi appartient-il à une femme, plutôt qu'à un homme, de symboliser la République ? Élégant hommage, dira-t-on, au pays de la galanterie. Reste pourtant, en dépit de notre légitime fierté, une inquiétude devant l'exception française. Historiquement, en France, la femme ne joue-t-elle pas ce rôle symbolique alors même qu'un rôle réel est refusé aux femmes dans la vie de la cité ? Ceci n'explique-t-il pas cela ? C'est faute d'être électrice, jusqu'à la Libération, et à défaut d'être élue, aujourd'hui encore, que la femme a pu donner son visage à la République. Autrement dit, pour que Marianne demeure une abstraction, il convenait de faire abstraction des femmes.

L'important est qu'à l'heure de la parité le buste qui trône dans nos mairies arbore désormais, tel Janus, un double visage

On peut certes regretter la Marianne anonyme de la IIIe République. Et c'est à juste titre qu'on s'inquiète : aujourd'hui, en empruntant son image aux médias, la République ne va-t-elle pas s'inféoder au marché ? Il est, toutefois, une autre manière d'interpréter cette évolution. En 1969, pour la première fois, une vedette pose pour Marianne ; le féminisme renaît alors. Des femmes refusent de voir la femme comme un buste : c'est à ce moment que le visage de la statue s'anime. En effet, quand les femmes revendiquent une existence politique, comment prêter à la femme une réalité purement symbolique ?

Il est vrai que Brigitte Bardot ou Mireille Mathieu ne font pas figure d'égéries du féminisme. Le choix est pourtant éloquent : pour faire image, il faut désormais une femme de l'image. C'est donc la beauté féminine qu'on retient, avec Catherine Deneuve ou Inès de la Fressange. Une femme de pouvoir serait trop concrète et trop réelle pour être un pur symbole.

Qu'en est-il aujourd'hui ? Le débat sur la parité nous oblige à voir enfin ce que l'allégorie féminine nous aidait à ignorer : l'autre exception française, à savoir l'exclusion des femmes des cercles du pouvoir. Les femmes ne sont guère appelées à représenter le peuple, mais la femme représente la République. Ce double jeu de la représentation, nous le voyons dorénavant d'un œil neuf – un peu comme le tableau de Manet, *Le Déjeuner sur l'herbe*.

Le scandale, ce n'est plus pour nous, comme à l'époque, la nudité des femmes, mais l'habit des hommes. Ou plutôt leur juxtaposition, trop inégale pour être honnête. Aujourd'hui, nos yeux de citoyens sont pareillement dessillés : soudain, sous le portrait du président de la République en habit, nous découvrons que Marianne est (presque) nue. Le scandale républicain, c'est en effet l'évidence, rarement révoquée en doute, d'un partage du monde qui attribue la beauté aux unes, pour laisser le pouvoir aux autres.

Bref, il est temps de rétablir la vérité. Grâce à Virginia Woolf, on n'ignore plus l'injustice dont n'aurait pas manqué d'être victime la sœur méconnue de Shakespeare. Les féministes françaises, pour leur part, ont sauvé de l'oubli la femme du soldat inconnu. Il faut maintenant en prendre conscience, Marianne a un jeune frère, qui gagne à être connu : nous l'appellerons Marcel. Un de nos champions du monde pourra, par exemple, lui prêter son visage.

L'important est qu'à l'heure de la parité le buste qui trône dans nos mairies arbore désormais, tel Janus, un double visage – féminin, d'une Marianne, et masculin, d'un Marcel. Beau symbole : nous démontrerions ainsi au monde que la fraternité française n'est pas l'exclusion des sœurs par les frères. Ensemble, Marcel et Marianne sauveraient la devise – et la face – de la République.

1er octobre 1999

Les partis politiques anticipent l'application du principe de parité

« La moitié des femmes dans les assemblées communales, ça va être une vraie révolution ! », s'exclame François Rebsamen, secrétaire national auprès des fédérations du PS. Dans un parti pourtant en pointe sur la parité, les femmes ne représentaient, en 1999, que 32 % des adhérents, 21,7 % de l'ensemble des conseillers municipaux et des adjoints et 8 % de l'ensemble des maires socialistes. Le PS appliquera la règle de l'alternance – par tranches de trois – dès les élections municipales de 2001. Michèle

Sabban, chargée des femmes au secrétariat national, a annoncé, dimanche 23 janvier, le lancement d'« une campagne d'appel aux candidatures féminines », visant sympathisantes, société civile et associations. Aux yeux de certains hommes, concède M. Rebsamen, les exigences pour les municipales vont être d'autant plus « difficiles » à tenir qu'ils vont devoir « faire de la place à leurs "partenaires" féminines du PS comme à leurs partenaires de la gauche plurielle ».

Au PCF, on affirme que le principe de parité est en phase avec les orientations que Robert Hue veut affirmer pour le 30e congrès. Il a déjà été appliqué, tant sur les listes d'union de la gauche aux régionales de mars 1998 que pour la liste « Bouge l'Europe ! » de juin 1999. De la même manière, le secrétaire national du PCF avait pris soin de désigner deux femmes sur les trois postes de ministres dévolus aux communistes par Lionel Jospin, en juin 1997. En charge des élections au sein du comité national, Jean-Paul Magnon ne cache pas « *l'étendue du travail qui reste à faire* ».

« Départements à lacune »

La parité ? Les Verts sont nés avec. « *C'est l'un de nos plus vieux combats et l'une de nos grandes victoires politiques* », observe Noël Mamère, maire de Bègles (Gironde). Si les Verts aiment à rappeler qu'ils sont le premier parti à s'être donné une femme pour chef de file, il leur reste toutefois à trouver les candidates et à régler le problème des alliances. Le fait d'avoir constitué, dans le passé, des listes « Vertes et ouvertes », faisant place à des représentants de la société civile, facilite les choses, mais la faiblesse des troupes reste un handicap. Dans un mouvement qui compte 70 % d'hommes et 30 % de femmes, pour environ 8 000 adhérents, on est encore loin du compte. Certains s'inquiètent, en outre, de la multiplication des critères : « *S'il faut croiser les courants, l'ouverture à la société civile, la parité, les alliances avec le PS, l'exercice risque bien de tourner au casse-tête* », note un proche de Dominique Voynet.

À droite, on s'emploie à combler le retard. « *C'est très bien ! Cette loi va nous obliger à faire ce qu'on ne sait pas faire ou qu'on ne veut pas faire !* », s'exclame Maurice Leroy, député du Loir-et-Cher et responsable de la formation à l'UDF. Il s'agissait d'abord de ne pas rester sur le bord de la route. « *L'attentisme était notre pire ennemi : il a fallu dépasser très vite la discussion sur l'opportunité d'une loi qui était largement contestée par les militants et les cadres* », raconte Éric Azière, délégué national chargé des fédérations. Pour ce faire, le message – « *N'attendez pas de savoir si le projet de loi va être adopté, considérez que c'est fait* » – a été martelé pendant l'automne. Le fichier de l'UDF, qui comporterait quelque 42 % d'adhérentes, est considéré comme le « premier gisement » de candidates potentielles, susceptible de faire remonter le seuil actuel de 20 % d'élues.

À Démocratie libérale, on a joué la carte de... l'émulation. Un « réseau femmes » piloté par Françoise Hostalier, ancienne secrétaire d'État à l'enseignement scolaire, a été mis en place pour « *doubler la mécanique des fédérations* », explique Xavier Chinaud, chargé des élections au sein du parti présidé par Alain Madelin. Dans les « bons départements », les déléguées femmes ont été intégrées aux fédérations. Dans les « départements à lacune », les déléguées femmes « *ont fait le boulot* », raconte M. Chinaud. À charge pour elles de saisir l'état-major parisien, via Mme Hostalier – récemment promue vice-présidente de DL – pour obtenir, par exemple, communication du fichier départemental des adhérents.

Au RPR, l'élection de Michèle Alliot-Marie, personnellement hostile au texte du gouvernement, ne devrait pas remettre en cause son application. La députée des Pyrénées-Atlantiques s'était d'ailleurs engagée, pendant sa campagne, à détecter et former quelque 5 000 jeunes et 5 000 femmes en vue des municipales. La direction du RPR devait saisir l'occasion d'une réunion des secrétaires départementaux, samedi 29 janvier, pour leur transmettre des consignes précises en termes de parité. « L'objectif est que les fédérations nous fassent des propositions conformes à la future loi, sans qu'il soit nécessaire de les dicter depuis Paris », explique le député de Haute-Savoie Bernard Accoyer, délégué général du RPR en charge des élections.

Rappelant les réserves de sa formation au texte du gouvernement, le secrétaire général du Rassemblement pour la France (RPF), Jean-Jacques Guillet, indique que « *le RPF appliquera la parité lorsque ce sera possible* ». « *Nous avons l'avantage d'être un parti récent et nous n'avons pas un nombre excessif de sortants, ce qui nous facilitera la tâche* », précise-t-il. « *Bien qu'antidémocratique, le quota ne nous dérangera pas* », affirme Carl Lang, secrétaire général du Front national, qui souligne que, dans son parti, « *les deux membres des couples sont souvent candidats sur une même liste* ». Le président du Mouvement national républicain (MNR), Bruno Mégret, prévoit également que « *comme par le passé, beaucoup d'épouses figureront sur les listes sous leur nom de jeune fille* ».

26 janvier 2000

La jeune garde féministe, « aux antipodes de la guerre des sexes »

« FIÈR-E-S d'être féministes ». À la veille de la manifestation féministe qui, le 15 janvier, a réuni quelque 12 000 personnes à Paris, les représentants de six organisations de jeunesse (Mix-Cité, Chiche !, UNEF, UNEF-ID, JCR-Red, Verts) clamaient, dans un manifeste publié par *Libération*, que le combat féministe est plus que jamais d'actualité et que l'on pourrait compter sur eux pour que leurs organisations prennent la relève de leurs aînées. Mais aussi pour se faire entendre de ces dernières. Être féministe, disaient-ils, « *c'est rêver à d'autres formes de relations, moins normées, moins évidentes, plus libres, aux antipodes de la guerre des sexes* ». Avant de conclure : « *Nos mères et nos grand-mères ont remporté des victoires contre l'ordre établi. Pourquoi pas nous ?* »

Ce réseau de jeunes féministes des deux sexes a, depuis, été rejoint par la Jeunesse ouvrière chrétienne (JOC), par Sud-Étudiants, par les mouvements de jeunesse communiste et socialiste (MJC, MJS), par le Mag-jeunes gays et lesbiennes et par l'association d'homosexuelles Degel. « *On a le sentiment d'être les mieux placés pour tordre les idées reçues* », résume Carine Seiler, vingt-sept ans, présidente de l'UNEF-ID. Pour changer l'image du féminisme. Et le rendre attractif aux nouvelles générations, ce que vise Mix-Cité, Mouvement mixte pour l'égalité des sexes, la principale association animatrice de ce réseau.

Les jeunes qui s'engagent dans ce combat assument pleinement l'héritage du Mouvement de libération des femmes (MLF), « *expression historique légitime et indispensable*, tranche Anne Le Strat, des Verts, *même s'il y a des choses qui m'auraient horripilée dans le MLF* ». Mais la mémoire collective a balayé les avancées, comme la libéralisation de l'avortement, pour ne conserver que le « *cliché d'un groupuscule anti-mecs* », regrette Clémentine Autain, coprésidente de Mix-Cité.

Hystérique, agressive, dominatrice, engagée dans la militance à la suite de traumatismes personnels, la féministe se voit accoler des stéréotypes, déplore Anne Le Strat. Avec pudeur, elle raconte ce qui l'a poussée à dépasser ces représentations. « *C'est profond en moi depuis longtemps, ce sentiment d'une injustice faite à mon genre. Je ne veux pas de ce monde masculin qui a priori me conditionne, me pose des contraintes.* »

Les combats du quotidien

Le déclic, pour Elsa Seys, chargée des femmes à l'UNEF-ID, ce fut la remarque d'un professeur d'histoire-géographie sur l'absence de femmes parmi les grandes figures politiques. « *Comment auraient-elles pu marquer leur époque alors qu'elles n'accédaient pas à l'éducation ?* », s'insurge-t-elle encore aujourd'hui. Ce sont aussi *les « copines de banlieue issues de l'immigration, cloîtrées chez elles* », qui affrontent « *les machos violeurs à pit-bulls* ». Carine Seiler se souvient de rumeurs déplaisantes lorsque, lycéenne, elle a accédé à la présidence de la FIDL, dont son ami était permanent. Des sifflets, récemment encore, saluaient la montée d'une fille en jupe à la tribune de son syndicat étudiant.

Tout cela l'exaspère, mais point tant que « *ces valeurs encore profondément discriminantes inculquées aux filles, qui font que la prise de parole et de responsabilité sont plus difficiles* ». Gaëlle Ruffel, 26 ans, professeur d'histoire-géographie et militante de Mix-Cité, résume : « *On se sent libres et égales. Et puis, un jour, on cherche du boulot, une place en crèche et, là, on se prend une claque.* »

Leurs combats prioritaires sont justement ceux du quotidien. Les droits fondamentaux (contraception, IVG...) ont été décrochés par leurs aînées. « *Elles ont l'illusion qu'on les a vraiment obtenus, alors que nous sommes absorbées, au jour le jour, par la défense de ces acquis* », analyse Maya Surduts, à la tête du Collectif national pour le droit des femmes, militante depuis 1971. La nouvelle génération, elle, se bat d'abord pour l'égalité scolaire et professionnelle ; pour que les filles ne s'orientent plus uniquement dans des filières où la conciliation entre carrière et vie familiale semble possible ; pour des modes de garde d'enfants plus accessibles ; pour un réel partage des tâches domestiques.

« *Mon mari, par exemple,* raconte Ilda, venue avec son bébé à une réunion de Mix-Cité, *il est maire socialiste, il tient des discours féministes à l'extérieur, mais ça ne lui était jamais venu à l'esprit d'appliquer à la maison ses théories de campagne...* » La famille n'est plus honnie, « *alors que, pour nous, c'était un lieu d'oppression* », rappelle Maya Surduts. Mais la grande nouveauté, selon Florence Montreynaud, auteur du *XX*e *Siècle des femmes* (éditions Nathan) et animatrice du réseau des Chiennes de garde, c'est la mixité : « *Au XIX*e *siècle, le féminisme est né mixte. Mais, en 1970, le féminisme français s'est séparé des hommes pour analyser les mécanismes qui faisaient que les femmes ne prenaient pas la parole dans les groupes mixtes.* »

Chez Sud-Étudiants, on explique ainsi ne jamais s'être posé la question de la mixité des réunions féministes. « *Notre génération a été élevée dans la mixité, de la crèche à la fac* », souligne Diane Ligot, 25 ans, secrétaire nationale de l'UNEF. À en croire Clémentine Autain, penser les modèles masculins de virilité fait partie de la lutte féministe : « *Les femmes peuvent espérer un autre statut que celui de la passivité et les hommes revendiquer un autre rôle que celui du mâle dominant.* »

« *Se conformer aux modèles de virilité, ce n'est pas marrant tous les jours. Un enfant qui n'aime pas le foot se fait traiter de pédé, de gonzesse* », témoigne Vincent, 26 ans, juriste et adhérent à

Mix-Cité. Inclure les hommes, martèle cette association, transforme une revendication sexuée en combat de justice sociale.

Mixité et concessions

Cette mixité s'accompagne d'une réflexion sur la part prise par les femmes elles-mêmes dans le maintien des rôles sociaux sexués. « *Dans un déménagement, jamais les filles ne portent la machine à laver* », plaisante Gaëlle, de Mix-Cité. Ces « *attentes contradictoires des femmes* » poussent Diane Ligot à dire que les femmes aussi doivent faire des concessions, « *reconnaître par exemple que l'homme puisse être maternel, alors que c'est un truc qu'on veut garder pour nous* ».

Les droits du père (à un vrai congé paternité, à la garde alternée de l'enfant en cas de séparation...) ne sont pas des sujets tabous. « *On ne peut pas dire, comme les anciennes, que tout est noir,* reconnaît Anne Le Strat, *que les jeunes sont à l'image de leurs pères. Cela nuirait au combat féministe.* » Comme, par exemple, continuer à parler d'« *oppression du système patriarcal* ». Un nouveau langage est à inventer, de nouvelles formes d'action aussi.

8 mars 2000, Pascale KREMER

La rage des « chiennes de garde »

Excédés par les obscénités et les injures sexistes, des femmes et quelques hommes ont décidé de réagir et de riposter systématiquement à ces agressions. Les machistes sont sous haute surveillance...

L'obscénité, a raconté Élisabeth Guigou dans *Être femme en politique* (Plon, 1997), est le pain quotidien de celles qui se lancent dans la vie publique. « *J'ai reçu le premier coup bas sur une route ensoleillée, au bord de la Durance. C'était une fin d'après-midi, en mars, pendant la campagne pour les élections régionales de 1992. (...) Jean-Louis, mon mari, par chance et par extraordinaire, était avec moi. Au détour d'un virage, sur une énorme pierre, nous voyons ces lettres géantes peintes en noir :* GUIGOU = PUTAIN. » Un choc : « *Sur le terrain de la grivoiserie gauloise, une femme est toujours en position de faiblesse.* »

Mais ce n'était rien par rapport à ce qui attendait la future garde des sceaux aux cantonales de 1994. « *Un matin, écrit-elle, je vois mes affiches barrées d'un large bandeau proclamant : 3615 TONTON. La première affiche me fit l'effet d'un coup de poing dans l'estomac. J'eus un instant la tentation de tout envoyer promener. Puis je me dis que cela réjouirait trop les auteurs de ces saloperies.* » Tant d'autres femmes – « *toutes !* », s'exclame-t-elle – entendent semblables insultes.

Ségolène Royal, Catherine Tasca, Yvette Roudy, Roselyne Bachelot, Nicole Notat, Marilyse Lebranchu, Frédérique Bredin... Toutes le confirment volontiers, évoquant d'un même élan solidaire celle qui, première femme ministre de l'Agriculture en 1981, puis première femme à Matignon en 1991, subit sans doute le « *lynchage sexiste* » le plus outrageant de ces dernières années. Des pancartes d'agriculteurs proclamant « *On t'espère meilleure au lit qu'au ministère* » aux quolibets des députés la traitant de « Pompadour », Édith Cresson dut affronter nombre d'insanités. Sans compter le Bébète Show dans lequel son personnage de panthère hystérique, surnommée Amabotte, cherchait à cajoler son prince, qui l'envoyait balader : « *Toi, tu vas reboucher ton trou et fous-nous la paix !* », « *Délabrée du bulbe* » ; ou avouait : « *Je m'ennuie, alors la greluche, je la viole* »...

Oui. Le rappel des dialogues est stupéfiant. Et sans doute faut-il les lire ainsi, à froid, pour percevoir l'énormité de ce qui, chaque soir, sur la chaîne de télévision la plus populaire, était véhiculé. « *J'étais ministre du gouvernement d'Édith, je n'ai pas réagi*, confesse Élisabeth Guigou. *Trop absorbée par mes fonctions, le plus souvent en voyage, je ne regardais pas le Bébète Show. Des années après, j'ai honte de mon inaction.* » Nombre de femmes politiques tiennent le même propos. Honte de n'avoir pas exprimé publiquement leur dégoût. Remords de n'avoir pas organisé une riposte collective.

« *La solidarité s'imposait pourtant* », estime Roselyne Bachelot, qui se rappelle l'œil goguenard de Jacques Toubon à l'issue du discours d'investiture d'Édith Cresson à l'Assemblée nationale : « *Alors les femmes, vous êtes fières de vous ?* » La députée RPR en eut le souffle coupé. « *Sa réaction venait du fond des âges !* dit-elle. *Car essayez seulement d'imaginer l'inverse : tous les hommes de l'Assemblée soudain discrédités par la mauvaise performance d'un de leurs congénères. C'était absurde. Mais puisque son ratage était supposé mien, les attaques dont elle était l'objet étaient donc dirigées aussi à mon encontre, et j'aurais dû réagir publiquement. Mais vous savez ce que dit Geneviève Fraisse : "Les femmes portent encore le collier du servage autour du cou..."* »

Réagir. Riposter haut, fort, et systématiquement. Traquer l'injure sexiste et ne rien laisser passer qui humilie publiquement une femme. Ne plus se taire, surtout. Donner l'alerte. Dénoncer, malgré la gêne, l'outrage et son auteur. Et se ranger solidairement aux côtés de la victime, attaquée parce que femme. Car trop c'est trop. Trop de violence sexiste dans le langage. Trop de « pute ! » lâchés en public, trop de « salope ! » criés à tout propos, trop d'allusions sexuelles en guise d'argumentation. Trop de mots qui blessent, de mots qui tuent. Voilà ce qu'il y a onze mois a décidé un petit noyau de femmes, féministes, cultivées, attentives à l'histoire et à l'actualité, et suffisamment en colère – et « gonflées » – pour se choisir un titre décoiffant devenu leur bannière : les « chiennes de garde ».

Le chahut accueillant, au Salon de l'agriculture, en mars 1999, Dominique Voynet – « *Tire ton slip, salope !* » – a servi de détonateur. Le haut-le-cœur éprouvé ce jour-là par Florence Montreynaud, écrivaine, militante féministe depuis de longues années, lui rappelle cet énorme « PUTE » qui, découvert un matin sur les affiches de sa première campagne électorale sous l'égide du mouvement Choisir en 1978, la fit définitivement renoncer à la politique. Elle prend aussitôt l'initiative d'une pétition de femmes en faveur de la ministre de l'Environnement et imagine dans la foulée un réseau de vigilance contre le machisme et les injures sexistes. Un fax, deux téléphones, Internet. Un carnet d'adresses gonflé au fil d'années de militantisme et de complicités intellectuelles. Et un crédit personnel important, servi par une allure, une courtoisie – une onctuosité même – en total contraste avec le nom donné au mouvement...

En quelques jours, le manifeste des « chiennes de garde » reçoit plusieurs centaines de signatures. La croisade est lancée : « *Nous vivons en démocratie. Le débat est libre, mais tous les arguments ne sont pas légitimes. (...) Adresser une injure sexiste à une femme publique, c'est insulter toutes les femmes. Nous nous engageons à manifester notre soutien aux femmes publiques attaquées en tant que femmes.* »

La « chef de meute » – c'est ainsi qu'elle signe le courrier à ses adhérents –, connue pour son engagement en faveur du dialogue et de la mixité, n'a évidemment pas oublié d'adresser le manifeste à quelques hommes qui, pour une fois, pourraient accepter l'idée d'être englobés dans un féminin pluriel. Le député européen Olivier Duhamel devient ainsi le premier homme « chienne de garde » et s'en dit honoré : « *Quand une femme est injuriée ou maltraitée, les hommes normaux et démocrates se sentent doublement concernés : en tant qu'êtres humains, attentifs à la dignité des personnes, et en tant qu'hommes, honteux de la grossièreté d'un congénère.* »

Le sociologue Alain Touraine a lui aussi signé, et avec enthousiasme : « *Ces femmes nous rappellent avec un bon sens évident que, pendant qu'on débat de la parité dans la vie politique, subsistent des comportements de mépris invraisemblables à l'égard des femmes. Et qu'il faut savoir quitter sa chaire et le terrain des idées pour descendre au niveau des machistes, pousser un bon coup de gueule – "Suffit ! À la niche !"– et mordre. Cette rafale de mitraillettes dans les jambes des machistes est bienvenue. Et c'est ensemble qu'hommes et femmes doivent traiter le problème.* » Une évidence pour Jacques Gaillot, André Comte-Sponville ou Dominique Jamet, inquiet d'« *un retour en force de la férocité et de la grossièreté du langage* » et scandalisé par les injures émanant de « *défenseurs de la tradition machiste la plus sotte* ».

Inacceptable également pour Stéphane Hessel, plein d'admiration pour « *les Aubry, Guigou, Voynet, Buffet, qui sont ce qu'il y a de mieux au gouvernement* ». « *Il est bon de rappeler que, vu le rôle qu'elles vont désormais jouer, traiter les femmes avec désinvolture vous classe dans le camp des périmés.* »

Désinvolture ? Le mot paraîtrait trop faible aux nombreux médias canadiens, anglais, espagnols, suisses, danois ou suédois qui, alertés par les « chiennes de garde », auscultent, effarés, la situation française. « *Comment imaginer que le pays de la galanterie soit aussi celui de la grossièreté à l'égard des femmes politiques ?* », s'étonne Bithe Pederson, une journaliste danoise.

Voyons !, s'insurge la correspondante du *Guardian*, installée en France depuis dix ans. « *Les remarques sexistes ne sont pas destinées qu'aux femmes en vue mais à toute passante au-dessous de l'âge de la retraite. Les commentaires sur les poitrines, derrières, bouches pulpeuses* [en français] *sont incessants* » et vous êtes injuriées si vous tentez de répliquer. « *Le sexisme est profondément ancré dans la société française* », conclut-elle, visiblement réjouie de l'initiative des « chiennes de garde ».

Ah, ce nom ! Rien à voir avec le livre – paru en 1932 – de Paul Nizan, *Les Chiens de garde*, pas plus qu'avec le pamphlet de Serge Halimi, *Les Nouveaux Chiens de garde*, les chiens étant alors les gardiens de l'ordre établi. Non, assure Florence Montreynaud. Le nom choisi est plutôt la traduction, au féminin pluriel, du mot anglais *watchdog*, employé notamment par les internautes pour désigner une personne donnant l'alerte sur le réseau, par exemple en cas de dérive raciste. « *Un chien de garde a pour fonction de... garder. Eh bien nous, "chiennes de garde", gardons une valeur précieuse : la dignité des femmes.* » Mais la parenté animalière choque certaines femmes. « *Une allusion dégradante* », estime la psychanalyste Élisabeth Roudinesco, qui se méfie d'une police du langage et préfère le recours aux tribunaux à la dénonciation médiatique.

« *Un peu d'humour*, plaide l'historienne Michèle Perrot, signataire du manifeste. *Ces femmes sont le contraire de viragos ! Et le nom choisi est comme un geste carnavalesque : subversif dans le renversement des rôles.* »

Députée européenne et auteur, entre autres, de *Femmes et leur histoire*, Geneviève Fraisse inscrit le réseau dans une tradition de provocation. Dans la lignée de ces jeunes travailleuses regroupées, en 1848, sous le nom de Vésuviennes. « *C'est là*, disaient-elles, *le premier nom de dérision qui a servi à nous désigner au ridicule et nous mettons notre amour propre à le réhabiliter. Seu-*

lement la lave si longtemps contenue (...) n'est nullement incendiaire, elle est toute régénératrice. » Dans la lignée aussi de ces « 343 salopes » qui signèrent en 1971 un texte-manifeste dans lequel elles déclaraient avoir avorté.

« *C'était autrement courageux !* », remarque la romancière Amélie Nothomb pour qui le ralliement au manifeste des « chiennes de garde » relève « *du plus élémentaire civisme* ». « *Il est intolérable que la moitié de l'humanité soit constamment humiliée ! Si nous nous étions appelées les "anges de garde", personne n'aurait parlé de nous.* » Roselyne Bachelot approuve : « *Ceux qui s'offusquent voudraient nous faire rentrer dans le moule des petites femmes bien gentilles, bien polies, bien convenables. Eh bien non ! On ne fait pas avancer la cause des femmes en étant bien convenables. C'est un piège tendu pour mieux nous soumettre. Il faut se battre.* » Et la linguiste Josette Rey, membre, comme son mari Alain Rey, du réseau, d'ajouter : « *Montrons les crocs, il n'y a que ça qui marche !* »

Oui, ça marche, confirment plusieurs parlementaires, constatant que depuis quelques mois les attaques sexistes ont quasiment disparu à l'Assemblée nationale. « *Ces messieurs se surveillent, y compris dans les réunions du RPR*, sourit Roselyne Bachelot. *Ce n'est pas une brusque conversion au féminisme, ne rêvons pas ! C'est la trouille !* » Trouille de l'opprobre qui suivrait un communiqué irrité des « chiennes de garde », repris en écho par différents médias.

Car en quelques actions – décidées en réunion de bureau, sur des critères rigoureux tenant à la gravité de l'insulte sexiste et la portée pédagogique de l'opération –, le réseau a acquis une belle notoriété. *Le Fouquet's*, qui osa refouler à l'entrée deux femmes « non accompagnées » (d'hommes) et le syndicat FO qui, dans un tract au ton résolument machiste, s'en est pris à la directrice de France Culture, Laure Adler, en ont fait notamment les frais. Dossiers en cours.

Notons simplement que le restaurant parisien, en un geste d'apaisement, invite les « chiennes » à venir célébrer la Journée internationale des femmes, le 8 mars, dans son restaurant. Et que Marc Blondel, reconnaissant que le tract de la section FO de Radio France est un « *monceau de conneries* », s'apprête à envoyer à chaque signataire du manifeste une lettre témoignant de son propre féminisme et de l'engagement de son syndicat contre toute discrimination sexuelle dans le travail. « *Ma démarche rejoint la leur ! J'ai milité au planning familial et dénoncé depuis toujours les écarts de salaires entre hommes et femmes ; je soutiens l'action d'amies africaines contre l'excision, me bats contre le foulard islamique, expression publique d'une soumission ; et comme franc-maçon, défends avec force l'idée d'égalité et de tolérance. Dois-je rajouter que c'est moi qui fais la cuisine à la maison (si je veux manger chaud) et que ma femme (qui est ma secrétaire) et moi, n'avons jamais voulu avoir de bonnes ou de femmes de ménage ?* »

Le courrier abonde au domicile de Florence Montreynaud. Lettres encourageantes de vieilles institutrices féministes, lettres courroucées de jeunes filles écœurées par la phallocratie croisée lors d'un premier emploi ; lettres humoristiques de messieurs solidaires : « *Allez mordre les machos et laissez-y les crocs, qu'on les reconnaisse !* » Demandes d'interventions ou de soutien, comme celle de Marie-Josée Roig, maire RPR d'Avignon, gravement injuriée en 1995 dans une bande dessinée d'une rare grossièreté, et priant les « chiennes de garde » d'appuyer sa démarche visant à ne plus avoir à affronter, dans le cadre des dossiers culturels de sa ville, l'un des complices, condamné pour diffamation mais devenu depuis conseiller de Catherine Trautmann.

Les inspiratrices du mouvement souhaitent clairement la création d'une loi contre le sexisme. D'autres signataires, comme le philosophe Pierre-André Taguieff, estiment que ce n'est pas là le rôle de la loi. Il y aura donc débat. Il y en a déjà, et de toutes sortes, au sein des « chiennes de garde ». N'est-ce pas l'une de leurs principales vertus que d'avoir réveillé le discours féministe, d'y avoir associé naturellement les hommes, et d'avoir attiré l'attention sur le langage qui, à « *Macholand* », comme dirait Isabelle Alonso (*Tous les hommes sont égaux... même les femmes*, R. Laffont, 1999) est tout sauf anodin.

12 février 2000, Annick COJEAN

PORTRAIT

Dominique Voynet : ministre autrement

La première ministre Vert en France veut faire passer les écologistes de la culture de la rue à celle du gouvernement.

Champagne ! Elle n'est pas près d'oublier ce 4 novembre 1997. Ce soir-là, son ami Yves Cochet, une des figures historiques des Verts, préside la séance au Palais- Bourbon. Dans l'Hémicycle, Guy Hascoët, l'un des six députés écologistes, dit « *tout le plaisir qu'il éprouve à intervenir* » sur le budget de « *madame la ministre* », ajoutant sur le même ton élogieux que son « *encore jeune ministère est essentiel* ». Son premier budget de ministre de l'Aménagement du territoire et de l'Environnement est adopté sans encombre. Et voilà même qu'un député de l'opposition songe à lui souhaiter son anniversaire, en plein débat. Quelques heures plus tard, Dominique Voynet arrose ses trente-neuf printemps à la buvette du Palais- Bourbon. Ses « potes » lui ont fait la surprise d'une grosse brassée de fleurs. « *On avait l'impression que l'Assemblée et le gouvernement appartenaient aux Verts* », sourit Yves Cochet.

Autres jours, autres émotions. Lundi 2 juin, au lendemain de la victoire de la gauche, Lionel Jospin reçoit la porte-parole des Verts. Il lui demande d'être ministre. Elle refuse. Il y a Jeanne, sa « petite gamine », qui n'a que trois ans. Ses électeurs du Jura. Elle, qui voudrait bien exercer le métier de député... « *Je suis la personne la plus connue des Verts,* explique-t-elle aujourd'hui. *Je me suis dit : il ne faudrait pas acheter le silence des écologistes contre une place de ministre.* » Dominique Voynet propose alors Alain Lipietz. « *Trop impétueux !* », répond le premier ministre qui, le lendemain, téléphone à Marie-Christine Blandin. Sans succès. La présidente du conseil régional du Nord-Pas-de-Calais est une intégriste du non-cumul. Elle ne veut pas laisser une présidence obtenue à l'arraché. Le lendemain, alors que ses amis, réunis autour du téléphone, avenue Parmentier le siège des Verts, dans le 11e arrondissement de Paris la supplient d'accepter, la future ministre sanglote. Et dit « oui » à Jospin.

« *Il ne faudrait pas faire de cette soirée une légende. Cette hésitation n'a duré que quelques heures.* » Pleurer, « *faire la chochotte, la coquette* », ce n'est pas dans ses habitudes. De l'heure où elle a choisi d'être ministre, Dominique Voynet ne regrette plus rien. « *Attention ! Je ne suis pas malheureuse* », prend-elle soin de préciser à ses visiteurs, au mois de juillet. En septembre, elle confie à certains son « *plaisir* ». Après une rencontre avec la Confédération nationale des fédérations départementales de chasseurs, en juillet, l'un des participants avait lancé le plus beau compliment qu'elle pouvait attendre de cette assemblée masculine : « *Elle a une paire de couilles bien pendue.* »

Très vite, Dominique Voynet se révèle à l'aise dans le pouvoir. Davantage même, selon plusieurs de ses amis, « *que dans le contre-pouvoir* ». « *Rétrospectivement, je pense que tous ces conflits bébêtes chez les Verts, ça finissait par me dégrader le moral et le caractère* », convient-elle volontiers. Le mandat commence par un feu d'artifice : Lionel Jospin, dans son discours de politique générale, le 19 juin, annonce l'arrêt de Superphénix et du canal Rhin-Rhône. Quelques mois plus tard, elle savoure le succès de la mise en place de la circulation alternée à Paris sous un ciel bleu. L'opinion publique et la presse semblent découvrir l'écologie, et sont ébaubis : « Victoire idéologique », « autocivisme », « air de liberté », « Paris rendu au silence »... Des magazines lancent des pétitions pour des villes sans voitures.

Tout, pourtant, a dû s'improviser. « *En 1995, ses habits de can-*

didate à la présidentielle pendaient depuis quelque temps dans sa garde-robe. Cette fois, le costume a dû être taillé sur mesure », s'émerveille Gérard Onesta, un fidèle de « Verts au pluriel », le courant anti-Waechter. Sans réseau, elle compose son cabinet à la débrouille : quelques Verts seulement (Pierre Radanne, Denis Baupin, Alain Rist), au grand dam de son parti. Une garde rapprochée, comme le journaliste Vincent Jacques le Seigneur. Et, réaliste, des profils plus classiques : un inspecteur des finances, militant PS, conseiller en affaires économiques et budgétaires, Thierry Wahl ; un autre énarque comme directeur de cabinet, Jacques Maire, dont on s'aperçoit, après l'avoir recruté, qu'il est le fils d'Edmond.

Il y a forcément des ratés, de la précipitation. Comme ce communiqué de presse du mois de septembre où, pour prendre de vitesse son camarade et néanmoins rival Jean-Claude Gayssot, elle donne son avis sur la construction d'une troisième piste à l'aéroport de Roissy, sans attendre les arbitrages ministériels. Ou encore l'annonce publique de la nomination de M. Radanne à l'Agence de la maîtrise de l'énergie et de l'environnement (Ademe), avant que cette dernière ait été faite en conseil des ministres. Le 26 novembre, lors d'une conférence de presse où elle présente sa politique nationale de lutte contre l'effet de serre, Dominique Voynet, visiblement agacée par plusieurs questions de journalistes sur la fameuse pastille verte, cent fois annoncée, donne deux informations contradictoires en quelques minutes : expliquant d'abord que le gouvernement hésite encore entre différentes formules, affirmant ensuite que les arbitrages sont faits, mais que l'annonce en a simplement été repoussée pour éviter de « parasiter » sa communication sur le réchauffement de la planète...

« *Depuis que je suis au gouvernement, j'ai appris qu'entre le blanc et le noir, il y a beaucoup de couleurs de gris* », explique-t-elle publiquement le 1er décembre devant les associations environnementales qu'elle a choisi de rencontrer régulièrement. Visiblement, la benjamine du gouvernement a découvert le réalisme du pouvoir. « *Il est rare, là-bas, d'avoir la satisfaction morale de trancher entre le bien et le mal, comme je le faisais dans les communiqués des Verts avant le 1er juin* », explique-t-elle encore en évoquant Matignon. Elle découvre, tâtonne, se décourage parfois, mais veut d'abord se débrouiller toute seule. « *Je suis une grande fille* », tranche-t-elle, raillant volontiers, devant ses amis, ceux qui voient Lionel Jospin deux fois par semaine, comme son rival franc-comtois, Jean-Pierre Chevènement.

D'ailleurs, il y a d'autres apprentissages plus difficiles. Avec les Verts, avec les députés, difficile de trouver cette « parole à trois pattes », comme dit Guy Hascoët, vice-président Vert du conseil régional du Nord-Pas-de-Calais. Alors que le ministre de l'Intérieur présente son avant-projet de loi sur l'entrée et le séjour des étrangers, Dominique Voynet commence par expliquer à ses militants qui réclament l'abrogation des lois Pasqua-Debré, le 28 août, *qu'« on ne fait pas de la politique seulement avec des mots et avec des symboles »*. Puis, quelques jours plus tard, face à la grogne des Verts réunis à Calais, qu'elle « *aurait préféré qu'on abroge* » ces lois, avant d'exprimer son « malaise » devant l'ouverture du capital de France Télécom. Depuis, pourtant, la ministre ne sort plus de son champ d'exercice. Et, à la télé, à la radio, ponctue désormais ses réponses d'un précautionneux préambule : « *Dans le domaine de compétences qui est le mien...* »

Tenue comme les autres aux consignes de discipline et de silence dictées par le premier ministre, Dominique Voynet apprend le juste milieu et le fil du rasoir. Comme de ne pas demander la permission, pour éviter de désobéir. Le 15 novembre, elle participe, en tête, à la manif du Collectif pour les droits des femmes, mais « *quelques minutes seulement* », « *à titre personnel* ». Marie-George Buffet, Michèle Demessine et les copines socialistes ont, elles, obéi à Lionel Jospin. Elle s'indigne volontiers de la discrétion des ministres communistes sur l'euro, elle qui a toujours défendu la monnaie unique. Ou peste discrètement contre Bernard Kouchner, si enthousiaste lors de l'autorisation donnée à la culture, en France, du maïs transgénique de la société Novartis, le 27 novembre, et devenu discret depuis la polémique qui a éclaté au début du mois de décembre.

Écolo, Dominique Voynet n'en est pas moins « scientiste », comme disent ses proches. Elle ne craint pas le progrès. Dans le passé, son expérience de médecin lui « *a fait voir les bons côtés des manipulations génétiques* » : persuadée que ce maïs-là ne présente pas de danger, elle préfère se battre pour obtenir un moratoire sur les autres variétés de culture. Un peu de « *chantage à l'affectif* », comme elle sait si bien faire, quelques reproches « *ultra-culpabilisants* », commente le chef de file de l'opposition de gauche, Philippe Boursier, et voilà les Verts qui rangent leurs motions appelant à la démission de la ministre. « *Dominique n'est pas une idéologue, ni une intellectuelle. Elle a un gène de cheftaine,* résume Yves Cochet. *Elle a cette grâce de pouvoir convaincre.* »

Chez les Verts, on garde pour « Dom » un attendrissement devant la fille « nature », « province », qui a gardé son accent franc-comtois, dit le nouveau secrétaire national des Verts, Jean-Luc Bennahmias : à la tête du mouvement, il la « *protège* » du mieux qu'il peut. Première invitée de « Public » de Michel Field, le 7 septembre, la voilà qui se « *refringue* » pendant le générique, soupire son ami « Ben ». On pardonne que, sur France-Inter, trois jours plus tard, elle évite les questions des auditeurs de « Radio-

Com » et quitte le studio après l'interview, parce qu'elle est en mal de baby-sitter. On applaudit quand, invitée avec Édouard Balladur, à « Soir 3 », pendant la campagne des élections législatives, elle répond à une Christine Ockrent contrariée de voir ainsi bafouée la règle de l'émission : « *Non, je n'ai aucune question à poser à M. Balladur.* » Car, plus difficile, « Dom » veut être ministre « autrement ». Elle a déjà pensé aux détails. Un scooter électrique pour aller plus vite à Matignon mais sans polluer. Refus, en public, de la langue de bois : elle ne parlera jamais, dans un discours, de débat « citoyen », et « *elle n'a pas le mot République à la bouche toutes les trois phrases* », relève Noël Mamère. Surtout, elle rêve de plus en plus souvent de la vie des ministres danois ou suédois, qui lâchent leur bureau à 17 heures. Après le petit déjeuner, à l'heure du goûter, ses visiteurs la croisent parfois dans l'ascenseur avec Jeanne, cartable sur le dos, ou voient leur rendez-vous abrégé par une mère et, depuis septembre, une jeune grand-mère soucieuse d'accorder à sa seconde fille du temps et de l'affection.

Il n'y a nulle affectation à cela, rien de Ségolène Royal, jure son cabinet. La photo de sa fille, à la « une » de Politis, à la veille des élections législatives, le 29 mai, encadrée dans le bureau ministériel, c'est pour faire plaisir aux copains de l'hebdomadaire le plus voynetiste de France. Et Jeanne sur ses épaules, en novembre 1995, pour la grande manifestation pour les droits des femmes ? « *Une manière de montrer qu'on peut être pour l'avortement, et qu'on peut s'autoriser une petite gâterie* », souriait alors la militante.

De son départ en vacances en Irlande avec son compagnon, au mois de juillet, quelques semaines après la mise en place du nouveau gouvernement et en pleins pics de pollution à Paris, de son interview à *Charlie-hebdo*, où elle avoue avoir fumé un pétard et répond « merde ! » au journaliste qui lui demande si elle en consomme encore, Lionel Jospin ne dit rien. « *Il apprécie la vraie militante* », explique un conseiller de Matignon. Quand, le 6 décembre, elle le rencontre en tête à tête pour s'inquiéter de certains arbitrages difficiles, il l'assure de son soutien chaleureux et indéfectible. « *Il trouve aussi qu'elle gère avec un certain talent ses relations avec les Verts* », suggère Jean-Christophe Cambadélis. Le premier ministre sait aussi que la gauche, sans elle, ne serait pas vraiment plurielle. Car la ministre de l'Aménagement du territoire et de l'Environnement compte bien davantage que ce « *1/27 du gouvernement* », trop arithmétique, qu'elle revendique, faussement modeste. Lundi, elle sera au centre des discussions du Comité interministériel d'aménagement et de développement du territoire (CIADT), dont elle est le chef de file désigné par Matignon. Même si ses conseillers la jurent « *capable de démissionner si, par exemple, on remettait en cause la fermeture de Superphénix* », Dominique Voynet refuse aujourd'hui d'y penser. « *Je prends garde de ne pas entériner l'idée que je serais au gouvernement la caution verte, marrante mais dérangeante* », confie la ministre, le 30 novembre, au « Grand Jury RTL-Le Monde-LCI ».

Souvent sur la brèche, entre compromis et non-renoncements, la ministre veut laisser, en France, des traces et des preuves vertes ; en politique, des réflexes pluriels. Elle plaide pour des accords avec le PS aux prochaines élections régionales, commence à placer de « vrais » écolos à la tête d'organismes publics relevant de son administration : Pierre Radanne sera à l'Ademe pour cinq ans, Marie-Françoise Mendez à la tête de l'Agence de l'eau de l'Adour-Garonne. Elle pense aussi aux scrutins plus lointains : en 1999, elle ferait une bonne tête de liste aux élections européennes avec, si possible, Daniel Cohn-Bendit comme suppléant.

Elle connaît, bien sûr, la devinette qui fait tant rire les militants verts. « *En 1988, Antoine Waechter était le candidat à l'élection présidentielle ; en 1989, aux européennes, c'étaient Lalonde et Antoine Waechter ; en 1995, ils étaient trois à vouloir se présenter : Lalonde, Waechter et Dominique Voynet. Et quel sera le nouveau candidat des Verts pour l'élection présidentielle en 2002 ?* » Personne n'a encore la réponse. Mais, espère Gérard Onesta, compagnon de plongée sous-marine et conseiller officieux, « *Dominique est peut-être la seule à pouvoir faire mentir cette histoire* ».

15 décembre 1997, Ariane CHEMIN et Clarisse FABRE

La mise en œuvre de la parité dès les municipales de mars 2001

Des amendements sous l'influence des élections municipales de 2001

Lionel Jospin a rappelé la consigne, mardi 18 janvier, devant le groupe Radical Citoyen Vert de l'Assemblée nationale : « *Le gouvernement est ouvert aux initiatives de la majorité plurielle pour garantir l'éligibilité des femmes. Veillez seulement à ce que vos amendements soient applicables par ceux qui en auront la responsabilité... c'est-à-dire vous-mêmes. Ce n'est pas moi qui composerai les listes !* », a lancé le premier ministre.

Contrainte et souplesse, deux maîtres mots ont donc guidé le travail de Bernard Roman (PS, Nord), rapporteur du projet de loi visant à « favoriser » l'égal accès des hommes et des femmes aux mandats électoraux et aux fonctions électives. Le texte du ministre de l'Intérieur, Jean-Pierre Chevènement, oblige les partis politiques à inscrire 50 % de candidates pour les élections aux scrutins de liste (municipales, régionales, européennes et, dans certains départements, sénatoriales), sans préciser la place des femmes sur les listes. Le projet de loi prévoit également une sanction financière à l'encontre des partis qui ne respecteraient pas la parité aux élections législatives. Voici les principaux amendements adoptés en commission des lois, jeudi 20 janvier :

La parité par groupe de six élus.

Pour les élections municipales et régionales, les députés ont décidé que la parité devait s'apprécier par groupe de six élus. Selon le ministère de l'Intérieur, ce système garantirait l'éligibilité de 44 % de candidates dans les assemblées municipales, contre 25 % aujourd'hui. L'alternance « un homme, une femme » a été écartée par M. Roman dans la perspective des accords PS-majorité « plurielle » aux élections municipales de 2001 et des probables fusions de listes au second tour.

Listes « chabada » aux sénatoriales.

En revanche, les députés ont approuvé le principe des listes alternées pour les élections au scrutin de liste à un tour (sénatoriales dans les départements qui élisent plus de cinq sénateurs et européennes).

La réforme étendue aux petites communes.

Le projet de loi ne concerne que les communes de plus de 3 500 habitants – celles où s'applique le mode de scrutin proportionnel –, soit 2 500 communes sur un total d'environ 36 000. Sur proposition du rapporteur, les députés ont décidé d'abaisser le seuil de la proportionnelle aux communes de 2 000 habitants. La réforme toucherait alors 2 000 communes supplémentaires. Le gouvernement n'a pas encore donné son feu vert : le 28 juin 1999, jour du vote de la révision constitutionnelle relative à la parité, M. Jospin a assuré que « *cette révision n'est pas conçue comme un prétexte à une modification des modes de scrutin, tout particulièrement du mode de scrutin législatif* ».

25 janvier 2000, Clarisse FABRE

Quatre femmes administrent des villes de plus de 100 000 habitants

La parité, appliquée pour la première fois aux élections municipales des 11 et 18 mars dans les communes de plus 3 500 habitants, y a fait passer la proportion de femmes dans les conseils municipaux à 47,5 %. Le nombre de femmes maires reste cependant faible.

Au terme des élections municipales des 11 et 18 mars, auxquelles s'appliquait pour la première fois la loi sur la parité, les conseils municipaux des communes de plus de 3 500 habitants comptent au total, selon le ministère de l'Intérieur, 47,5 % de femmes. Les maires des villes de plus de 15 000 habitants restent, pour la très grande majorité, des hommes. Le nombre de femmes n'a progressé que d'un tiers, passant de 33 à 44. Cependant, on compte désormais quatre femmes maires de villes de plus de 100 000 habitants, au lieu d'une avant le scrutin. La parité a été mise à profit par l'opposition pour renouveler ses équipes et promouvoir plusieurs femmes à des postes de maire. Aux cantonales, élections uninominales où la parité ne s'appliquait pas, la progression du nombre de femmes a été faible, équivalente de celle du scrutin de 1998.

De mémoire de Marseillais, on n'avait jamais vu ça. Dimanche 25 mars, le conseil municipal de Marseille, qui a reconduit le sénateur Jean-Claude Gaudin (DL) dans son fauteuil de maire, était présidé, comme de coutume, par le doyen assisté du benjamin. Mais, pour la première fois, ces deux personnes étaient des femmes : tailleur amande, blonde, Gisèle Weiss (DL), soixante-quinze ans, siégeait à côté de la brune Myriam Salah-Eddine (RPR), vingt-huit ans. Pendant ce temps, à Strasbourg, la nouvelle maire, Fabienne Keller (UDF), annonçait que sa deuxième adjointe s'occuperait des questions de sécurité et que l'exécutif municipal compterait dix femmes sur dix-huit. Tandis qu'à Paris, Anne Hidalgo (PS) était élue première adjointe de Bertrand Delanoë (PS), nouveau maire de la capitale.

Dimanche 25 mars, jour de l'élection des maires par les conseils municipaux élus les 11 et 18 mars, la parité a passé son épreuve de vérité. Au total, quarante-quatre femmes ont été élues maires d'une commune de plus de 15 000 habitants, selon les estimations effectuées par *Le Monde*. Elles n'étaient qu'une trentaine à la veille du scrutin. Désormais, sur trente-sept villes de plus de 100 000 habitants, quatre sont dirigées par des femmes : Fabienne Keller (UDF) à Strasbourg, Martine Aubry (PS) à Lille, Brigitte Le Brethon (RPR) à Caen et Maryse Joissains-Masini (divers droite) à Aix-en-Provence.

Elles sont entrées en masse dans les conseils municipaux, au soir du second tour, le 18 mars. Selon les chiffres du ministère de l'Intérieur, qui ne concernent que la métropole, 38 072 femmes ont été élues conseillères municipales sur un total de 80 229 élus dans les communes de plus de 3 500 habitants – la loi ne s'appliquant pas dans celles de plus petite taille. Le pourcentage de femmes élues dans les conseils municipaux passe de 22 % à 47,50 %. La parité n'est pas tout à fait atteinte dans la mesure où la loi n'imposait pas de liste alternée – un homme, une femme – mais la parité par groupe de six élus. Le ministère de l'Intérieur avait fait une simulation : si les partis s'étaient contentés de placer, sur les listes, trois hommes en tête, puis trois femmes, le pourcentage de conseillères municipales n'aurait été que de 43 %. Le taux atteint au soir du 18 mars montre que les partis n'ont pas fait le service minimum.

La « révolution douce », comme l'appelle Lionel Jospin, a bien eu lieu. Ironie de l'histoire, la parité, qu'une partie de la droite avait combattue – à commencer par Michèle Alliot-Marie, présidente du RPR –, réussit mieux aux femmes de l'opposition RPR-UDF-DL qu'à celles investies par la gauche plurielle. Catherine Trautmann (PS) a perdu Strasbourg, Élisabeth Guigou (PS) a été battue à Avignon ; Adeline Hazan n'a pas conquis Reims, où le premier ministre était venu la soutenir, le 8 mars, pour la journée de la femme. Candidate de la gauche plurielle, la chevénementiste Catherine Coutard a échoué à Montélimar. Et, parmi les trente-trois maires élus chez les Verts, « champions » de la parité, il n'y a... aucune femme. C'est le monde à l'envers. Les conquêtes de villes moyennes par les femmes du PS se comptent sur les doigts d'une main : Nicole Feidt à Toul (Meurthe-et-Moselle), Claudine Ledoux à Charleville-Mézières ; Arlette Landau a fait basculer la ville du Puy-en-Velay (Haute-Loire), fief de la droite depuis 66 ans, dès le 11 mars. Le premier ministre ne l'a pas encore félicitée – « *C'est pourtant une belle victoire, non ?* » – mais le premier secrétaire du PS, François Hollande, lui a envoyé « *un petit mot* » pour la féliciter.

Il manque encore quelques statistiques pour faire le bilan. La réforme aura-t-elle suscité un entraînement dans les petites communes où la loi ne s'appliquait pas ? Combien de femmes occuperont des postes d'adjointes dans les villes de plus de 3 500 habitants ? Sur ce dernier point, un premier – petit – tour d'horizon, dans des grandes villes, montre que les conseils municipaux ont joué le jeu. Relativement bien, tant sur le plan quantitatif que qualitatif, même si les finances et le développement économique restent davantage aux mains des hommes.

À Blois, conquis par l'UDF Nicolas Perruchot, trente-quatre ans, la nouvelle équipe compte cinq adjointes sur douze, contre quatre sur douze dans l'équipe sortante de Jack Lang. Petite anecdote, la quatrième adjointe de M. Perruchot est la compagne de son premier adjoint, Jacques Chauvin, de même que l'ancienne conseillère déléguée à l'international de M. Lang était l'épouse du premier adjoint, le député (PS), Michel Fromet. La... belle-mère de M. Perruchot siège aussi au conseil municipal de Blois.

À Besançon, le nouveau maire socialiste, Jean-Louis Fousseret, s'est fait tirer les oreilles, dimanche, en annonçant cinq femmes sur seize adjoints. Nicole Weinman, conseillère d'opposition qui conduisait une liste Démocratie libérale au premier tour dans la capitale de la Franche-Comté, s'est empressée de dénoncer cette « *atteinte à la parité* ». La droite va-t-elle devenir plus féministe que la gauche ?

M. Gaudin est un malin. À Marseille, les femmes ont, certes, pris du galon. En 1995, on comptait six femmes sur les trente-deux postes à responsabilité d'adjoints et de conseillers municipaux délégués – lesquels jouent un rôle important dans les quartiers de Marseille. Cette année, elles sont dix-huit sur un total de quarante-trois. Seul hiatus, à la communauté urbaine de Marseille, le RPR, l'UDF et DL n'ont nommé que dix femmes sur les cinquante conseillers communautaires. Sur les quarante hommes, trente-six sont des conseillers d'arrondissement qui peuvent désormais, grâce à la loi de M. Gaudin, adoptée au Sénat en juin 2000, siéger à la communauté urbaine de Marseille. Gaudin a pensé à tout. Il fallait « recaser » les conseillers éconduits pour cause de parité. Les communautés urbaines sont celles où sont concentrés les plus gros budgets. Elles risquent d'être fort masculines.

27 mars 2001, Clarisse FABRE
avec Michel SAMSON à Marseille,
Jacques FORTIER à Strasbourg,
Jacques BUGIER à Blois

Bilan dans les cantonales où la parité ne s'applique pas...

Les « glaneuses » de cantons font une maigre récolte

Marcel, Jean-Jacques, Noël, Jean-Claude, Bernard, Michel, Roland, Augustin et même Marie-Joseph... Égrenés sur le fil de l'Agence France-Presse, vendredi 23 mars, les noms et prénoms des présidents de conseils généraux, élus ou reconduits dans leurs fonctions, en disaient long sur la place des femmes dans les 2 000 cantons renouvelables – sur un total d'environ 4 000 – les 11 et 18 mars. La loi sur la parité ne s'appliquait pas lors de ce scrutin, où les femmes sont le moins présentes. Seul le Parti socialiste avait prévu de réserver 30 % des cantons à des femmes. L'objectif a été presque atteint – 28 % – au terme de négociations difficiles.

Selon les chiffres du ministère de l'Intérieur, sur les 1 932 cantons renouvelables en métropole, on comptait 121 conseillères générales sortantes. Au soir du 18 mars, on comptait 189 élues. Il y a désormais 9,8 % de femmes dans les assemblées départementales contre 6,3 % à la veille du scrutin. Anne d'Ornano (divers droite), réélue dans le Calvados, reste la seule femme présidente d'un conseil général (*Le Monde* daté 25-26 mars).

La progression est comparable à celle constatée lors du renouvellement de l'autre série, en 1998, où le taux de féminisation était passé de 5,5 % à 8,3 %. Elle reste très en deçà de la « révolution » observée dans les conseils municipaux, où, sous la contrainte de la loi, le pourcentage de conseillères municipales a plus que doublé entre 1995 et 2001 (lire ci-dessus).

Les femmes ont glané, çà et là, quelques nouveaux mandats, mais la moisson est maigre. Dans la région Languedoc-Roussillon, qui comptait neuf conseillères générales à la veille du scrutin, il y en a... une de plus depuis le 18 mars ! Dans le Val-de-Marne, le nombre d'élues est passé de cinq à neuf. Dans l'Ardèche, sur les 17 cantons renouvelables, aucune femme, parmi les quelques candidates qui se sont présentées, n'a été élue. En Guadeloupe, Marlène Miraculeux-Bourgeois (divers gauche) a remporté la cantonale et la municipale à Capesterre de Marie-Galante.

27 mars 2001, Clarisse FABRE

Le profil des élues

Les conseillères municipales sont plus jeunes que leurs collègues hommes

Les statistiques du ministère de l'Intérieur permettent d'esquisser le profil sociologique et politique des femmes élues aux municipales et aux cantonales de mars. Leur part parmi les maires, globalement très faible, est plus importante à droite qu'à gauche.

Les femmes élues aux élections municipales de mars, qui représentent désormais 47,5 % des conseillers municipaux des villes de plus de 3 500 habitants, sont un peu mieux connues grâce aux statistiques du ministère de l'Intérieur. Un peu plus jeunes que les hommes, travaillant plus souvent dans le secteur public, elles sont aussi moins encartées dans les partis. Les femmes maires n'ont guère bénéficié de l'effet de la parité. Elles ne sont que 181 pour 2 443 hommes. Leur part varie selon chaque parti : à l'UDF et au RPR, elle est supérieure à celle du PS. Dans les exécutifs municipaux des grandes villes, la place faite aux femmes par les maires est très variable. Elle s'échelonne d'un sixième, à Beauvais, à 55 % à Rennes. À Beauvais, Caroline Cayeux (RPR), nouvelle maire, prépare déjà la conquête d'un mandat parlementaire.

Elle travaille, plutôt dans le privé, elle approche la cinquantaine et elle n'est pas encartée. C'est le profil le plus répandu des conseillères municipales élues dans les villes de plus de 3 500 habitants, selon les statistiques du ministère de l'Intérieur. Sur les quelque 38 000 élues au soir du second tour, le 18 mars, 13 004 sont « salariées du secteur privé », soit plus du tiers du total ; 21 000 ont entre 40 et 55 ans – 26 % ont moins de 40 ans et 10 % plus de 60 ans – et près des trois quarts sont étiquetées « divers droite » et « divers gauche ». Elles se distinguent des élus hommes sur deux points au moins : l'âge et l'appartenance à un parti. En effet, 15 % seulement des conseillers municipaux ont moins de 40 ans, 65 % ont entre 40 et 60 ans et 20 % plus de 60 ans. Et 56 % d'entre eux ne sont pas étiquetés.

Les conseillères municipales sont aussi plus souvent que les hommes « sans profession déclarée ». Femmes au foyer ou demandeuses d'emploi – les statistiques ne le précisent pas –, elles sont environ 5 900 à entrer dans cette catégorie, ce qui représente 15 % des élues (contre 2,7 % chez les hommes). Le pourcentage de retraités, de l'ordre de 10 % chez les conseillères municipales, est presque deux fois plus élevé chez leurs homologues masculins (18 %). Les enseignantes (5 208, soit 13,7 %) arrivent en troisième position, devant les « autres fonctionnaires »

(6,4 %) et les professions libérales. Ainsi, on dénombre, parmi les conseillères municipales, 264 « administrateurs de société », 214 « artisans », 482 médecins ou encore 89 sages-femmes ! Il y a aussi, magie des statistiques, 6 « marins », 29 vétérinaires, 14 cadres de la SNCF et 119 « hommes de lettres ou artistes ». Symbole du rajeunissement, elles sont 699 étudiantes contre 355 étudiants.

Enfin, le pourcentage de femmes conseillères municipales varie très peu selon la taille de la ville, de 47,3 % à 48 %. « Autrement dit, les têtes de liste ont, en moyenne, respecté de la même façon la parité par tranche de six candidats » sans chercher à biaiser, commente Claire Bernard, secrétaire générale de l'Observatoire de la parité. « C'est une victoire. Le fait qu'une grande partie des élues n'appartienne à aucun parti est le signe d'un renouvellement », se réjouit Nicole Péry, secrétaire d'État aux droits des femmes et à la formation professionnelle.

Rare et de droite

Quant aux femmes maires, leur caractéristique première est d'être rares. On compte 181 élues dans les communes de plus de 3 500 habitants, contre 2 443 hommes. Le renouvellement a eu lieu à la base, pas au sommet. Petite surprise, le taux d'élues maires augmente légèrement avec la taille de la ville (voir tableau), ce qui n'était pas le cas jusqu'à présent. Traditionnellement, les femmes maires sont relativement plus nombreuses dans les petites communes, où l'enjeu de pouvoir est moindre. Elles ont toujours beaucoup plus de mal à se faire une place dans la « cour des grands ». Les municipales de mars 2001 marquent peut-être un tournant avec l'élection de quatre femmes à la tête de villes de plus de 100 000 habitants et d'une quarantaine dans les villes de plus de 15 000.

La maire est, souvent, une femme de droite. Les mairies socialistes sont les moins féminisées ! Au soir du second tour, la victoire d'un certain nombre de listes menées par des femmes de l'opposition, dans des villes de plus de 30 000 habitants, avait laissé présager cette tendance. Certes, le Parti communiste arrive en tête, puisque 9,5 % de leurs maires sont des femmes. Cette proportion passe ensuite à 7,5 % à l'UDF, 6,7 % chez les divers droite, 6,4 % au RPR ; elle baisse à 5,9 % au PS et à 5 % chez les divers gauche. Mme Péry commente sobrement ces chiffres en soulignant qu'« on n'a pas fait la parité pour gagner les élections »...

La gauche aurait pu se rattraper sur les postes d'adjointes. Tel n'a pas été le cas. Une enquête publiée dans Libération (daté 31 mars-1er mars) et menée dans 85 villes grandes et moyennes avait décerné un bonnet d'âne au socialiste... Manuel Valls, ancien conseiller pour la communication de Lionel Jospin à Matignon et nouveau maire d'Evry (Essonne), qui n'a choisi que 4 adjointes sur un total de 12 ! De même, Jean-Marc Ayrault (PS), maire de Nantes et président du groupe socialiste de l'Assemblée nationale, n'en a que 6 sur un total de 18.

Être une femme n'est pas un gage de mixité : la nouvelle maire RPR de Beauvais, Caroline Cayeux, a nommé... 2 adjointes sur 12, toutes deux cantonnées à des rôles traditionnels : l'une s'occupe des personnes âgées et des handicapés, l'autre de la famille. Selon un calcul effectué par *Le Monde* sur 36 villes de plus de 100 000 habitants, sur un total de 37, les femmes occupent environ 40 % des postes d'adjointes. Rennes arrive en tête avec 55 % d'adjointes, devant Paris (54,5 %), Strasbourg (52,9 %), Saint-Étienne (52,9 %) et Perpignan (50 %). Parmi les six villes en queue de peloton – 31,2 % d'adjointes à Besançon et à Orléans, 33 % à Nantes, Lyon, Metz et Nice –, trois sont de gauche. Encore un effort, messieurs les socialistes...

23 avril 2001, Clarisse FABRE

ANNEXES

Janvier 2000, la France encore loin de la parité

PART DES FEMMES (EN %) PARMI LES CANDIDATS AUX ÉLECTIONS :

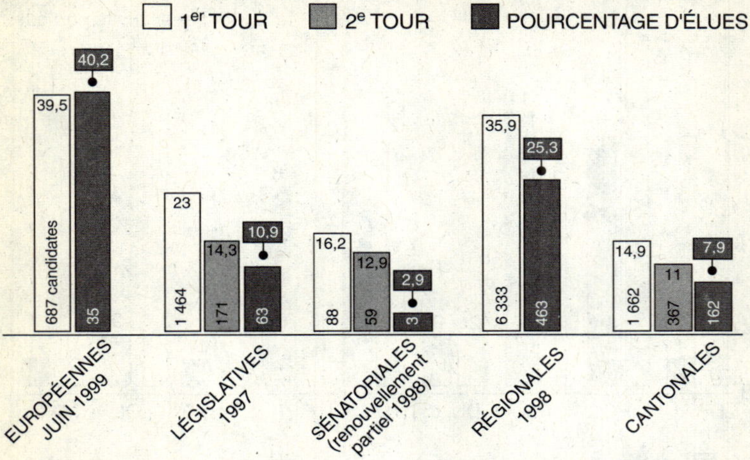

Source : ministère de l'Intérieur

Le pourcentage de femmes élues au Parlement européen est passé de 29,9 % en 1994 à 40 % en 1999, la plupart des grands partis ayant fait le choix de la parité. Le projet de loi ne concerne pas les élections cantonales.

Mars 2001, un tiers de femmes maires en plus

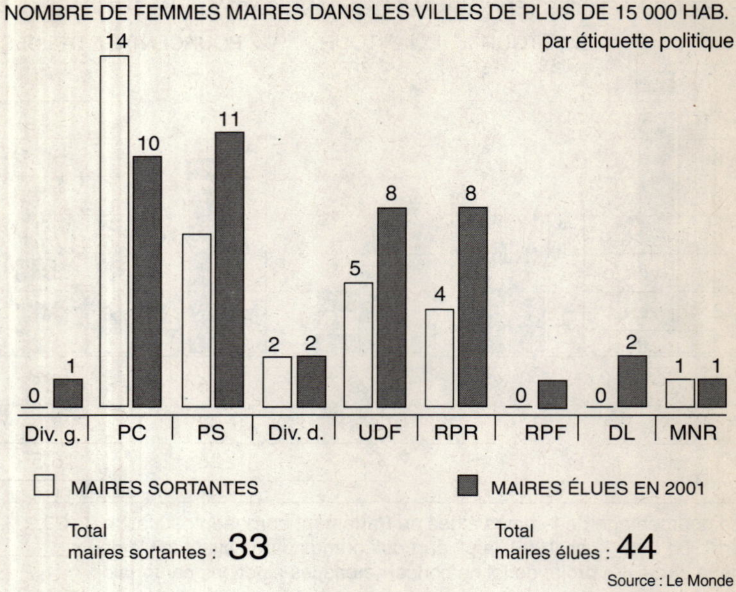

Les candidates à l'Assemblée nationale depuis 1945

	Femmes	*Hommes + Femmes*	*% de femmes*
21 octobre 1945*	281	2 912	9,6
2 juin 1946*	331	2 762	12,0
10 novembre 1946*	382	2 801	13,6
17 juin 1951*	384	3 962	9,7
2 janvier 1956*	495	5 372	9,2
23-30 novembre 1958	65	2 809	2,3
18-25 novembre 1962	55	2 172	2,5
5-12 mars 1967	70	2 190	3,2
23-30 juin 1968	75	2 265	3,3
4-11 mars 1973	200	3 023	6,6
12-19 mars 1978	706	4 266	16,5
14-21 juin 1981	323	2 715	11,9
16-23 mars 1986*	1 680	6 804	24,7
5-12 juin 1988	336	2 896	11,6
21-28 mars 1993	1 003	5 139	19,5
25 mai-1er juin 1997	1 464	6 360	23,0

* Scrutin proportionnel.

Pour les élections qui se sont déroulées au scrutin majoritaire à deux tours, le nombre de candidat-e-s indiqué est celui du premier tour.

Les femmes dans les assemblées parlementaires*
en septembre 2000

Dans l'Union européenne	
Suède	42,7
Danemark	37,4
Finlande	36,5
Pays-Bas	36,0
Allemagne	30,9
Espagne	28,3
Autriche	26,8
Belgique	23,3
Luxembourg	20,0
Royaume-Uni	18,4
Portugal	17,4
Irlande	12,0
Italie	11,3
France	**10,9**
Grèce	10,3

Dans le monde	
Norvège	36,4
Argentine	26,5
Suisse	23,0
Australie	22,4
Chine	21,8
Canada	19,9
États-Unis	12,9
Sénégal	12,1
Colombie	11,8
Tunisie	11,5
France	**10,9**
Inde	8,8
Brésil	5,7
Japon	5,0
Algérie	3,4
Maroc	0,6

Chiffres en pourcentage
* Chambre des députés dans la plupart des cas
Source : Union interparlementaire.

Table des matières

III – VALÉRY GISCARD D'ESTAING NOMME LA PREMIÈRE FEMME MINISTRE

IV – LES FEMMES DE FRANÇOIS MITTERRAND

VI – LES FEMMES ET L'EXTRÊME DROITE

VII – LIONEL JOSPIN ET LES FEMMES

ANNEXES

Librio

468

Composition PCA – Rezé
Achevé d'imprimer en Europe
à Pössneck (Thuringe, Allemagne)
en juillet 2001 pour le compte de E.J.L.
84, rue de Grenelle, 75007 Paris
Dépôt légal juillet 2001
Diffusion France et étranger : Flammarion